PRELÚDIO DA CACHAÇA

LUÍS DA CÂMARA CASCUDO

PRELÚDIO DA CACHAÇA

© Anna Maria Cascudo Barreto e
Fernando Luís da Câmara Cascudo, 2001

1ª Edição, José Olympio Editora, 1952
2ª Edição, Global Editora, São Paulo 2005
1ª Reimpressão, 2022

Jefferson L. Alves – diretor editorial
Flávio Samuel – gerente de produção
Ana Cristina Teixeira – assistente editorial
Tatiana Tanaka e Cláudia Eliana Aguena – revisão
Eduardo Okuno – capa
Ricardo Serpa/SambaPhoto – foto de capa
Antonio Silvio Lopes – editoração eletrônica

Dados Internacionais de Catalogação na Publicação (CIP)
(Câmara Brasileira do Livro, SP, Brasil)

Cascudo, Luís da Câmara, 1898-1986.
    Prelúdio da cachaça / Luís da Câmara Cascudo. — São Paulo : Global Editora, 2006.

    Bibliografia.
    ISBN 978-85-260-1078-9

    1. Cachaça – Aspectos sociais 2. Cachaça – Brasil – Usos e costumes I. Título.

05-9784   CDD-394.13098

Índices para catálogo sistemático:
1. Brasil : Cachaça : Utilização : Costumes   394.13098

Obra atualizada conforme o
NOVO ACORDO ORTOGRÁFICO DA LÍNGUA PORTUGUESA

Global Editora e Distribuidora Ltda.
Rua Pirapitingui, 111 — Liberdade
CEP 01508-020 — São Paulo — SP
Tel.: (11) 3277-7999
e-mail: global@globaleditora.com.br

 globaleditora.com.br   @globaleditora

 /globaleditora   @globaleditora

 /globaleditora   (in) /globaleditora

blog.grupoeditorialglobal.com.br

Direitos reservados.
Colabore com a produção científica e cultural.
Proibida a reprodução total ou parcial desta
obra sem a autorização do editor.

Nº de Catálogo: 2730

Sobre a reedição de Prelúdio da Cachaça

A reedição da obra de Câmara Cascudo tem sido um privilégio e um grande desafio para a equipe da Global Editora. A começar pelo nome do autor. Com a concordância da família, foram acrescidos os acentos em Luís e em Câmara, por razões de normatização bibliográfica. Foi feita também a atualização ortográfica, conforme o Novo Acordo Ortográfico da Língua Portuguesa; no entanto, existem muitos termos utilizados no nosso idioma que ainda não foram corroborados pelos grandes dicionários de língua portuguesa nem pelo Volp (Vocabulário Ortográfico da Língua Portuguesa) – nestes casos, mantivemos a grafia utilizada por Câmara Cascudo.

O autor usava forma peculiar de registrar fontes. Como não seria adequado utilizar critérios mais recentes de referenciação, optamos por respeitar a forma da última edição em vida do autor. Nas notas foram corrigidos apenas erros de digitação, já que não existem originais da obra.

Mas, acima de detalhes de edição, nossa alegria é compartilhar essas "conversas" cheias de erudição e sabor.

Os editores

Sumário

Prefácio à 1ª Edição 9

1. Abrideira 11
2. Identificação 13
3. Ausência 35
4. A Profissão 39
5. Exportação 41
6. Niveladora 43
7. Bebida de "Cabra" 45
8. Técnica 49
9. Cerimonial 53
10. Sinônimos 57
11. Coragem 59
12. Baile 61
13. O Baile da Aguardente 63
14. Cana-Caiana 71
15. Etiqueta 75
16. Interlúdio do Fumo 79
17. Saideira 85

Prefácio à 1ª Edição

Poderíamos começar transcrevendo coisas da tradição popular. Mas tanto os livros como a alma de Luís da Câmara Cascudo têm essência de povo. Da costumeira leitura das suas obras germinou o nosso incurável namoro pelo *folclore*. Desse encantamento cultural nasceria o interesse pelos abalizados estudos do venerando pesquisador que tem o coração e o corpo plantados no solo potiguar. Isto tudo, sem dúvida alguma, torna difícil a tarefa de tentar escrever a apresentação para esta admirável *Sociologia da Aguardente*.

Procuraremos, no entanto, chamar a atenção para a presente iniciativa do Instituto do Açúcar e do Álcool de editar este inédito *Prelúdio da Cachaça*, cujo autor dispensa maiores adjetivações e substanciosos elogios, sendo como todos sabem uma glória da literatura brasileira contemporânea.

Para que aparecesse este livro sobre a "água que passarinho não bebe", Luís da Câmara Cascudo retrocedeu no tempo até a *carta-II de Sá de Miranda* (1481-1558), onde se faz menção da Cachaça em terras lusitanas e à fartura nas mesas das quintas fidalgas.

O retrospecto histórico é realmente soberbo. A caminhada do autor transcorre meticulosa e segura pelas estradas do tempo. Não observamos estacadas surpreendentes ou dissimuladoras. O que surge diante dos nossos olhos é somente o passo firme de um dedicado apóstolo cônscio da sua importante missão.

Há trechos, neste livro, de uma comovida honestidade intelectual e nacionalista. Exemplifiquemos nesta frase de Câmara Cascudo: "Atenda-se que o brasileiro é devoto da cachaça mas não é *cachaceiro*". Predomina em cada página o cuidado de não desfigurar ou fantasiar a realidade de um estudo sério dentro das limitações, às vezes impostas pelos parcos subsídios existentes no campo da pesquisa histórica ou sociológica atinentes ao aparecimento da aguardente de cana no Brasil.

Todavia a impressão deixada por este trabalho é de riqueza de detalhes e abundantes informações concernentes ao melhor conhecimento do produto. Sabe ilustrar as observações e pesquisas até mesmo nos flagrantes extraídos no campo da pitoresca e anônima poesia popular. Acompanham-no nessa peregrinação o encanto do irresistível clima folclórico que ninguém melhor do que Luís da Câmara Cascudo sabe utilizar.

Em determinadas ocasiões atira contra nós um enorme vagalhão de bom humor nordestino quando menciona, por exemplo, que "a avó da avó do poeta Ascenso Ferreira dizia que fora a *Branquinha* quem gritara a República de Olinda em 1710." Demonstra, mais adiante, como a *Cachaça* conseguiu suplantar os vinhos habituais impotentes – quer na qualidade ou quantidade – ante o dominador impacto.

Sem constituir-se num alentado volume, *Prelúdio da Cachaça* vem preencher uma enorme lacuna no seio da literatura do gênero. Tem-se veiculado bastante razões no tocante à dificuldade de subsídios que pudessem propiciar a desejada coordenação de dados para um livro completo em torno da aguardente.

Acreditamos e louvamos, porém, a objetividade oferecida aqui aos estudiosos e ao leitor comum pelo eminente Professor Luís da Câmara Cascudo, que nos distingue com a oportunidade desta edição e a quem o IAA tributa sincera homenagem através do lançamento de *Prelúdio da Cachaça*.

Rio de Janeiro, GB, abril de 1968
Claribalte Passos

1. Abrideira

Abrideira, a inicial, primeiro copo, primeira dança, primeiro prato. O inverso de *Saideira*. Diz-se, também, *Abre*, e nessa acepção, Henry Walter Bates, em 1849, ouviu no Alto Amazonas: "... seguindo o costume universal do Amazonas, onde parece aconselhável, por causa da alimentação fraca de peixe, cada qual tomava meia xícara de cachaça, o *Abre*, como eles chamam": *Um Naturalista no Rio Amazonas*.

Dicionário do Folclore Brasileiro

2. Identificação

> *Let the toast pass Drink*
> *to the lass...*
> Sheridan

> *Je raconte une histoire pour les gens*
> *d'ici*
> Henri Béraud

A mais antiga menção da Cachaça em Portugal li na carta-II de Sá de Miranda (1481-1558), dedicada ao seu amigo e comensal Antônio Pereira, o *Marramaque*, senhor de Basto. Faz-se o elogio da independência e fartura das quintas fidalgas, acolhedoras e tranquilas, entre o arvoredo do Minho.

> Ali não mordia a graça,
> Eram iguais os juízes;
> Não vinha nada da praça,
> Ali, da vossa cachaça!
> Ali, das vossas perdizes!

Recordava essas "ceias de Paraíso" no momento em que Lisboa arrastava os braços camponeses na sedução mercantil das especiarias orientais.

> Não me temo de Castela
> D'onde guerra inda não soa,
> Mas temo-me de Lisboa,
> Que ao cheiro d'esta canela
> O Reino nos despovoa.

É Sá de Miranda, na Quinta da Tapada, triste e feliz, saudoso de Roma, Veneza e Milão, *em tempo de Espanhóis e de Franceses*, jardins de Valença de Aragão, *onde Amor vive e reina,* visitados pelas embuçadas gentis.

Meados do séc. XVI. Antônio Pereira abandonava o solar da Tapada em Celorico de Basto, e Sá de Miranda lamenta a falsa eleição quando o amigo *se partiu para a Corte com a casa toda*.

Singular ter sido esse poeta quem haja usado a *cachaça* nas deleitosas imagens dos passados festins em Cabeceiras de Basto, no ridente verde Minho, hospitaleiro e sereno.

Gil Vicente estava morto e não soara o vocábulo nas mil vozes do seu teatro incomparável. Competira ao rival Sá de Miranda a fixação nominal da bebida popularíssima no Brasil, então amanhecendo.

Nunca o deparei noutros poemas, autos, comédias.

Certo é que se fabricava e bebia a *cachaça* pelo Minho, vivendo o Rei D. João III. Na Espanha, de onde poderia ter vindo o nome, era uma espécie de aguardente obtida com as borras, resíduos das pisas de uvas no lagar. Teria teor alcoólico superior, no mínimo, a 18 graus. Sabor acentuadamente áspero, rascante, típico, *pela-goela*, como se diria no Brasil nortista. Destilação do caldo de canas-de-açúcar ou do melaço é que não seria essa *cachaça,* embora Gil Vicente fizesse apregoar, em 1525, *vales para açafrão e canas açucaradas* nas terras da Beira, onde o vilão Pero Marques era juiz. Nicolau Lanckmann vira cana-de-açúcar em 1451, ao redor de Coimbra.

Para o Brasil o termo *cachaça* encontraria alojamento nos comboios atravessadores do Atlântico na oportunidade das monções. Os letrados, bem diversos de Sá de Miranda, recusaram-lhe escrever o nome, vencida a equinocial.

As bebidas indígenas do séc. XVI, *cauins*, foram batizadas *vinhos*. O Padre Anchieta (1584) informa: "São muito dados ao *vinho*, o qual fazem das raízes da mandioca que comem, e de milho e outras frutas. Esse *vinho* fazem as mulheres".

Falando, em 1587, dos ananases e cajus, Gabriel Soares de Sousa escrevia: "Do sumo destas frutas faz o gentio *vinho*, com que se embebeda... do qual *vinho* todos os mestiços e muitos portugueses são muito afeiçoados".

Não ocorre nas *Denúncias* ou *Confissões* ao Santo Ofício na Bahia, Pernambuco, Paraíba. Mesmo em 1728, Nuno Marques Pereira, tão sabedor da terra, expulsou-a do *Compêndio Narrativo do Peregrino da América*, registrando (Cap. XVII, *aguardente do Reino e aguardente da terra*), sendo essa a *cachaça* sob traje formal. Nos relatórios dos Vice-Reis, minuciando a exportação, lê-se a insistente *aguardente*. Jamais *cachaça*.

Em 1873, no *Tesouro da Língua Portuguesa*, de Domingos Vieira, consigna-se *cachaça, termo do Brasil*. O brasileiro Antônio de Moraes Silva, que era senhor de engenho, informava, *vinho de borras*, aguardente do mel, das borras, ser a *cachaça* brasileira.

Não há *cachaça* alguma em qualquer vocabulário ameríndio, notadamente do tupi, de tão alta participação na linguística nacional.

Para os africanos, sudaneses e bantos, do Atlântico e do Índico, o europeu revelou o perturbador alambique, incluído na parafernália civilizadora. Os negros, como os indígenas antes dos portugueses, desconheciam totalmente qualquer bebida destilada, produzindo unicamente as cervejas, garapas, na base de frutas ou raízes, através da fermentação de 72 horas, máximas. A *cachaça,* indo dos 18 aos 22 graus (até mais de 25 nas aguardentes europeias), revelou ao paladar negro e ameraba as asperidades inconfundíveis do álcool nessa concentração, por eles ignorada. Pelos séculos XIX e XX é que o alambique dominou a predileção na África negra, tornando-se fabricável pelos nativos e surgiram aguardentes de todos os tipos, desorganizando reinados e comprando servidores. *Ces alambics infernaux... chaque mulâtre et noir mi-civilisé tâche de se procurer un alambic,* clamava Héli Chatelain em 1908, no planalto de Benguela, tentando salvar a "missão" protestante de Lincoln.

O nome é que, no Brasil, seria comum ao povo e distante do Livro. Em 1624, Johan Gregor Aldenburgk não menciona a *cachaça* no material saqueado pelos holandeses na cidade do Salvador, povoada de engenhos produtores.

A bebida existia, apetecida e vulgar. Pyrard de Laval, em 1610, estivera na cidade do Salvador registrando: *Faz-se vinho com o suco da cana, que é barato, mas só para os escravos e filhos da terra.*

O nome é que o francês esqueceu de registrar.

Entre 1638 e 1644, governando o conde de Nassau o Brasil holandês, o médico batavo Guilherme Piso e o naturalista alemão Jorge Marcgrave descrevendo a fabricação do açúcar em Pernambuco aludem a *cachaça*, tão longe da verdadeira.

Marcgrave: "A primeira caldeira é chamada pelos portugueses 'caldeira de mear descumos', na qual o caldo é sujeito à ação de um fogo lento, sempre movido e purgado por uma grande colher de cobre chamada 'escumadeira', até que fique bem escumado e purificado. A escuma é recebida numa canoa, posta embaixo, chamada 'tanque', e assim também a *cachaça*, a qual serve de bebida para os burros" (*Historia Naturalis Brasiliae*, Amsteloami, 1640: *História Natural do Brasil*, tradução de Mons. José Procópio de Magalhães, São Paulo, 1942).

Guilherme Piso, Willem Pies, noticia: "Deste sumo, a coagular-se num primeiro tacho, com pouco fogo, tira-se uma espuma um tanto feculenta e abundante, chamada *Cagassa*, que serve de comida e bebida somente para o gado" (*De Indiae Utriusque re Naturali et Medica*, Amstlaed, 1658: *História Natural e Médica da Índia Ocidental*, traduzida e anotada por Mário Lobo Leal, Instituto Nacional do Livro, Rio de Janeiro, 1957).

Constituem, para mim, os registros iniciais da *cachaça* no Brasil. André João Antonil, ou seja, o jesuíta João Antônio Andreoni, na primeira década do séc. XVIII, pormenorizava: "Guiando-se o sumo da cana (que chamam caldo) para o parol da guinda, daí vai por uma bica a entrar na casa dos cobres, e o primeiro lugar, em que cai, é a caldeira que chamam do meio, para ferver, e começar a botar fora a imundícia, com que vem da moenda. O fogo faz neste tempo o seu ofício; e o caldo bota fora a primeira escuma, *à que chamão Cachaça*: e esta por ser imundícia vai pelas bordas das caldeiras bem ladrilhadas fora da casa, por um cano bem enterrado, que a recebe por uma bica de pau, metida dentro do ladrilho, que está ao redor da caldeira, e vai caindo pelo dito cano, em um grande cocho de pau, e serve para as bestas, cabras, ovelhas e porcos; e em algumas partes também os bois a lambem; porque tudo é doce, e ainda que imundo, deleita".

Era a denominação clássica, Espanha (*Dic. Acad.*), Argentina (Segovia), Cuba (Pichardo), Costa Rica (Ferraz). Fernando Ortiz fala nas *defecaciones de las cachazas*. Em Cuba, eram praticamente inúteis. Ainda em 1546, plena ascensão açucareira, informava Oviedo: "E continuamente las naos que vienen de España vuelven a ella cargadas de açucares muy buenos; *é las espumas é mieles dellos que en esta isla se pierden y se dan de gracia,* harian rica otra gran provincia".

A *cachaça* era então essas escumas caídas num tanque raso, regalo dos animais de tração. Dizia-se *espumas do caldo*. Os pequenos engenhos para rapadura e *cachaça*, engenhocas, banguês, almanjarras, eram movidos a bois, cavalos ou bestas, aos pares, como ainda alcancei ao redor da cidade de S. José de Mipibu e no vale do Ceará-Mirim.

A denominação *trapiche*, para engenho puxado pelos cavalos ou bestas, desaparecera nos finais do séc. XVIII, mas resistiu contemporaneamente pela América Espanhola. *Trapiche* passara a ser o armazém, o depósito para embarque do produto, ou distribuição de qualquer gênero de estivas, importado ou exportado. "A denominação vulgar de *trapiche* dada aos armazéns de gênero de estivas vem do estabelecimento da Companhia Geral do Comércio de Pernambuco e Paraíba, criada por Alvará de 13 de agosto de 1759, que, monopolizando o comércio, vendia os seus gêneros em partidas a grosso nos seus armazéns", informa Pereira da Costa, referindo-se ainda a "criação de entrepostos ou armazéns alfandegados, com certas prerrogativas aduaneiras, tiveram também o nome de *trapiches*".

Não havia, evidentemente, pelos séculos XVI e XVII, bebida com o nome de *cachaça*, com base alcoólica. Antonil, em livro impresso em 1711 e motivado de estudos no Recôncavo da Bahia, reino açucareiro povoado de escravos negros, elegendo seus Reis e fazendo seus bailados, permite leve roteiro identificador. Fala na *garapa*, feita das espumas sobrantes da segunda caldeira, ebulição no segundo tacho, *garapa que é a bebida de que mais gostam*, os negros, com ela comprando farinhas, bananas, aipins e feijões aos parceiros. Bebia-se a garapa imediatamente, ainda doce, ou *guardando-a em potes até perder a doçura, e azedar-se, porque então dizem que está em seu ponto de beber: Cultura e Opulência do Brasil por suas Drogas e Minas* (2, X). Sobre o tratamento dos escravos, opinava Antonil: "O que se há de evitar nos engenhos é o *embriagarem-se com garapa azeda, ou aguardente*" (I, IX). Jean de Léry, no Rio de Janeiro de 1557, observara: "Não obstante ser o açúcar de natureza extremamente doce, como todos sabem, quando deixávamos deteriorar-se a cana cortada e a púnhamos de molho na água por algum tempo, o caldo azedava-se a ponto de nos servir de vinagre". Garapa azeda é, pois, sinônimo de aguardente. No Acre, como adiante menciono, dizem *Garapa doida* a cachaça obtida com a fermentação da garapa, do caldo de cana azedo.

É possível afirmar-se que, no Brasil, desde inícios do séc. XVII, fabricava-se uma aguardente com o caldo da cana, citada por Pyrard de Laval em 1610 na Bahia, de garapa azeda, fermentada, aguardente-de-cana, ou *Caninha*, como lembra Beaurepaire-Rohan. Depois obtinha-se outra aguardente, das borras do mel de cana, do melaço, por destilação, e que seria, tal qual acredita Beaurepaire-Rohan, a legítima *Cachaça*, correspondendo à *Bagaceira* em Portugal, esta feita com borras de uvas, e que Sá de Miranda bebera na quinta do seu amigo Antônio Pereira, mencionando-a na famosa Carta-II.

Os nomes de *Aguardente* e *Cachaça* confundiram-se numa recíproca sinônima e ninguém mais se preocupou destacando a origem da bebida: do caldo da cana, *Cana, Caninha,* aguardente, ou de mel, melado, *Cachaça.*

A definição de *Cachaza* que se divulgou, da Argentina ao México, foi a dicionarizada na Espanha: *espuma e impurezas que se forman y segregan al someter el jugo de la caña a la defecación o purificación... Primera y más sucia espuma que arroja el zumo de la caña cuando empieza a cocerce para hacer azúcar.* Era o conceito inicial, registrado por Marcgrave, Piso, Antonil. Dizendo *Cachaça,* valendo bebida-aguardente, creio *brasileirismo,* como registraram Moraes e frei Domingos Vieira.

Se *cachaça* ficou sendo designação popular, não figurou nos textos impressos ao correr dos dois primeiros séculos de sua existência funcional. Mantinha-se a denominação portuguesa de *aguardente*.

Estudei o *Livro de Contas do Engenho Sergipe do Conde*, no Recôncavo da Bahia, referente a 1622-1653, publicado pelo Instituto do Açúcar e do Álcool (*Documentos para a História do Açúcar*, Rio de Janeiro, 1956). Era propriedade dos Jesuítas, organização modelar na indústria açucareira do séc. XVII. Em parte alguma encontrei *cachaça* e sim *Agoa Ardente*, oferecida aos escravos trabalhando nas levadas, enxurros, charcos, lameiros.

Nesse engenho Antonil fundamentou seu volume, Oficina Real Deslandina, Lisboa, 1711.

Jamais ouvi dizer-se em Portugal *cachaça* e sim *aguardente* ou *bagaceira*. Não digo que desconheçam mas já não empregam o vocábulo, não obstante a nota do sábio Prof. Joaquim Alberto Pires de Lima (1877-1952), da Universidade do Porto: "Este vocábulo (*cachaça*) significa, no Brasil, aguardente de cana e também se emprega no nosso país, para designar aguardente-bagaceira". Bagaceira é o preferido pelos portugueses.

Também não o percebi na Galícia. Um mestre da Etnografia Galega, Firmino Bouza-Brey Trillo, de Santiago de Compostela, escreveu-me (10-VI-1966): *teño unha lembranza vaga de ter oído eiqui, en Galiza, como sinónimo de auguardente a voz Cachaza; mais non puxen atención, porque en todo caso, seria un brasileirismo, como otros, dos nosos emigrados a ise belo pais.*

Que *cachaça* não seja de fácil dizer lusitano, tenho um poderoso argumento. A erudita dona Carolina Michaëlis de Vasconcelos (1851-1925) nunca chegara a ver um cálice de cachaça. Anotando a carta de Sá de Miranda a Antônio Pereira e nesta a *cachaça* bebida pelo poeta, sugere, candidamente: *Não será antes certa qualidade de vinho campestre, saudável e refrescante?*

O Prof. Augusto César Pires de Lima (1883-1959), etnógrafo eminente, num livro destinado ao segundo ciclo do ensino liceal português, transcreve, com notas elucidativas, a carta de Sá de Miranda ao fidalgo da Tapada. Depois de citar Carolina Michaëlis de Vasconcelos, depõe: *É possível que Sá de Miranda queira referir-se à água-pé. "Cachaça" é uma espécie de aguardente.* A segunda informação é lógica. A primeira é inadmissível para quem haja festejado um "São Martinho" em Portugal; confundir *cachaça* com água-pé. Tradução: o meu saudoso amigo e colega dileto não vira *cachaça*, na legitimidade presencial.

Ausente do vocabulário de Gil Vicente. E em Cervantes Saavedra.

É o que observei em Portugal. Houve cachaça, conhecida por Sá de Miranda, mas o vocábulo fora substituído por *bagaceira*. A "cachaça" era uma *bagaceira* sem semelhanças com o produto *made in Brazil*.

Pelas Províncias Ultramarinas, Guiné, Angola, Moçambique, também não ouvi pronunciar-se *cachaça*, sempre *aguardente*. Ou recorriam à infindável relação nominal das bebidas africanas, *quimbombo, quiçangua, pombe, madleco, sura, biala, mfeco, ualua, bigundo, quitoto, maluvu, nzombo*, etc., etc. O "vinho de palma", da seiva da palmeira dendezeiro, *Elaeis guineensis*, ofereciam-me como *vinho, malufu* ou *malavu*.

Nem mesmo topei *cachaça* nos livros dos velhos viajantes, Serpa Pinto, Hermenegildo Capello, Roberto Ivens, o governador Francisco José de Lacerda e Almeida ou nos *folktales* angolanos de Héli Chatelain, de notas preciosas.

Pelo Congo, Senegal, nas antigas posses francesas e belgas diz-se *Eau-de-Vie*. Não o percebi pela África nem o li em qualquer livro de assunto africano. Invariavelmente *aguardente*, nas festas, cerimônias tribais, oferendas votivas aos mortos. Visivelmente *cachaça* não é africanismo. Tê-lo-ia ouvido pelo Atlântico, e Índico, nas feiras, mercados, reuniões populares, bailados, desfiles, jornadas pelos sertões. Se o nome foi levado para a África, lá não se aclimatou.

Os versos de Sá de Miranda constituem documento comprovante da fabricação normal e uso regular de uma bebida denominada *cachaça,* no norte de Portugal. É um elemento incluído entre os "permanentes" de casa senhorial, farta de tudo, por onde *não vinha nada da praça,* adquirido fora do domínio rural, autárquico. Essa bebida provinha dos resíduos destilados do bagaço das uvas. Havia de ser a mesma *Bagaceira* à qual dão nome vulgar e genérico de "aguardente". Mesmo tipo da aguardente de Espanha, *bebida espirituosa que se saca del viño,* como o *cognac* francês. Jamais seria como a *cachaça* do Brasil, feita do caldo ou do mel da cana-de-açúcar, fervidos e depois destilados nos alambiques de barro, depois de cobre, aludidos por Henry Koster no Pernambuco de 1812.

Havia naquele séc. XVI canas-de-açúcar em Portugal, mencionadas cem anos antes por Nicolau Lackmann, que esteve na terra portuguesa de julho a novembro de 1451, mencionando o "mel de açúcar, *mel Zuckarum,* que em muitos lugares cresce em canas". Faziam mel, enfrentando monopólio milenar do mel de abelhas, então agonizante. Nenhuma bebida era obtida da *Saccharum officinarum,* com porcentagem alcoólica. O mel participava da terapêutica, confeitava bolos e era suprema gulodice. O açúcar, preciosidade, tornou-se acessível quando os canaviais brasileiros afastaram a tímida concorrência da Sicília e das ilhas castelhanas e portuguesas. Inicialmente, açúcar era o mel e o xarope medicamentoso. A *cachaça* portuguesa do séc. XVI era a aguardente, repito, a contemporânea *bagaceira,* de uvas. Do mel de açúcar sacarino é que não. Herda-lhe-ia o nome o produto vulgar e diverso da *Terra Santa Cruz pouco sabida,* como poetaria Camões.

No Brasil é que a cachaça passou a ser obtida da cana-de-açúcar, do caldo ou do melaço, como as *tarifas* nas Antilhas, atração comercial na segunda metade do séc. XVII nas regiões do idioma espanhol. Muito popular era o *pulque* do México, sumo fermentado de uma variedade do agave (*A. atrovirens,* Karw.), sem que conquistasse mercado europeu. Destinava-se aos paladares regionalistas.

No Brasil importava-se farinha do Reino, queijo do Reino, pimenta-do-reino. Importar-se-ia aguardente do Reino, feita de uvas, obstinada saudade do português no exílio tropical. Uva e trigo eram os símbolos da distância sápida.

Não tínhamos vinhedos concorrentes. Veio aguardente do Reino, com outros nomes nas alcunhas alfandegárias.

O séc. XVI é o da exaltação consagradora da aguardente, água-da-vida, *eau-de-vie*, remédio para todos os males, solução universal, proclamada panaceia. Ainda hoje a *cachaça* "serve para tudo e mais alguma coisa", aquece, refresca, consola, alimenta, alegra, revigora. Mestre A. da Silva Mello expôs, em quadro definitivo, esse complexo (*Alimentação. Instinto. Cultura*, cap. IX, Rio de Janeiro, 1942).

Um dos nomes, vulgaríssimo, foi o de *Jeribita*. Creio que substituíra a denominação *cachaça* em Portugal ao correr do séc. XVII. *Aguardente é jeribita*! Versejava o nosso Gregório de Matos, nessa época, saboreando-a nas casas amigas do Recôncavo baiano.

Em 1689, Antônio Coelho Guerreiro recebia em São Paulo de Luanda "vinte barris de jerebita", enviados da Bahia, pagando por eles 45$385 (*Livro de Rezão*, de Antônio Coelho Guerreiro, prefácio de Virgínia Rau, ed. da Companhia de Diamantes de Angola, Luanda, Lisboa, 1956).

Voz indígena brasileira ou africanismo quimbundo? Beaurepaire-Rohan afirma o primeiro e Basílio de Magalhães o segundo. Provocou um topônimo nos arredores de Lisboa, na vila de Paço de Arcos: "À entrada da vila, mal se saía de Caxias, encontra-se o bairro aristocrático, vulgarmente conhecido por *Jeribita*" (M. P. Videira, *Monografia de Paço de Arcos*, Caxias, 1947).

"Cachaça", conhecida em Portugal na segunda metade do séc. XVI, não conseguira infiltrar-se na constância da linguagem usual da população, denunciando antes estrangeirismo. Um hóspede que não se tornou familiar.

O nome atual de *Bagaceira*, Morais em 1831 e frei Domingos Vieira em 1871, não o reconheceram no sentido de bebida. Era o local onde ajuntavam o bagaço das canas espremidas. O nome português ao lado de *aguardente* seria *Jeribita* ou *Jiribita*, outrora *Gerebita*. Moraes e frei Domingos Vieira registram *Geribita* como *aguardente de borras de açúcar: cachaça*. H. Brunswick concorda no seu *Dicionário da Antiga Linguagem Portuguesa*, Lisboa, 1910: – *Gerebita, cachaça*. Gregório de Matos, estalando a língua, já dissera semelhantemente, mais de cem anos antes.

Um alvará de 10 de janeiro de 1757 tributava em dez tostões a *pipa de geribita da terra e de fora*, em consumo no Rio de Janeiro, seis anos antes de ser a capital do Brasil. A primeira, *da terra*, seria a *cachaça*; a segunda, *de fora,* era a *do Reino*, aguardente de vinho, a futura "bagaceira".

A *Jeribita* servira na África portuguesa de oferta diplomática, tal a sua aceitação entre os negros bantos. Em julho de 1730, o governador de Angola, Rodrigo César de Menezes, enviava a um chefe local, D. Sebastião Francisco Cheque Dembo Caculo Cacahende, *esse quinto de gerebita, que como o tempo está fresco servirá para vos aquentar* (Ivo de Cerqueira, *Vida Social Indígena na Colônia de Angola*, Lisboa, 1947).

Aguardente e *jeribita* ainda são sinônimos vulgares da *cachaça*.

Não encontro *jeribita* aludida fora da orla e sertão angolano. Na relação minuciosa e constante das ofertas ao soberano do Daomé, Cabeceiras, generais, conselheiros, familiares poderosos, menciona-se invariavelmente *aguardente* e não *geribita*, como fez a primeira autoridade executiva em Angola. Para essa região von Martius inclui sempre *geribita* entre os elementos de permuta para aquisição de escravos, ainda nas primeiras décadas do séc. XIX. Embora todos os dicionários consultados e a unanimidade da informação oral contemporânea não distingam *jeribita, jiribita, geriba, jurubita, piripita de cachaça* ou *aguardente*, valendo como sinônimos, seriam antigamente líquidos diversos. Antônio Coelho Guerreiro (*Livro de Rezão*, citado) tivera em 1689, remetidos da Bahia para Luanda, "vinte barris de geribita" (45$385), e "um barril de aguardente", pelo qual pagou 7$000. Não eram, evidentemente, a mesma entidade, como hoje acontece.

Nos róis dos contratos referentes aos produtos exportados pela Bahia, 1753-1756, mencionam "vinhos de mel", "aguardente da terra", jamais *geribita*. O nome viera de fora e de longe.

Não sei quando o nome *cachaça* se aplicou a *aguardente da terra*, destilada nos engenhos do Brasil. Nem quando esta começou a fabricar-se. Fins do séc. XVI. No volume de Antonil, ensina-se que "o caldo bota fora a primeira escuma, *a que chamam cachaça*" (1711), tal qual tinham dito Marcgrave e Piso entre 1638-1644. O nome respondia à imagem que os dicionários espanhóis conservam presentemente. O que dizemos *cachaça* dizia-se unicamente *aguardente*. Antonil preconiza a viagem da barca carregada de açúcares, *com marinheiros não aturdisados de aguardente.* Era, entretanto, a *cachaça* brasileira ainda sem o nome.

O *Engenho de Sergipe do Conde,* orgulho da indústria baiana, naquele final do séc. XVII, já *estilava aguardente,* contra a advertência do sacerdote: "que nunca eu aconselharia ao senhor de engenho, para não ter uma contínua desinquietação na senzala dos negros, e para que os escravos não sejam com a aguardente mais burrachos do que os faz a *cachaça*", então figura diversa. Seria esta a *garapa azeda, caxaxa azeda,* referida adiante: "O que se há de evitar nos engenhos é *embriagarem-se com garapa azeda,* ou aguardente, bastando que lhes conceda a garapa doce, que lhes não faz dado". Correspondia a *garapa doida,* contemporânea no Acre, na informação de Francisco Peres de Lima: "Das bebidas alcoólicas, a cachaça é a divulgada, porque é feita nos próprios seringais. Os que não possuem engenhos e demais pertences têm *engenhocas* onde moem a cana. A garapa dela retirada guardam-na em vasos fermentados, resultando daí a chamada *Garapa Doida,* que substitui a cachaça dos alambiques" (*Folclore Acreano,* Rio de Janeiro, 1938).

Antonil citava a *garapa azeda, caxaxa azeda,* fermentada, gênese da cachaça, e a destilada, aguardente, ambas perturbadoras da boa marcha nas tarefas servis. Cachaça é justamente *garapa azeda* destilada. *The wash ripens for destillation,* escrevia Henry Koster. Da "garapa azeda" ou do melaço nasce a cachaça, infalível.

A aguardente da terra, elaborada no Brasil, podia atender ao apetite dos fregueses humildes, escravos, mestiços, trabalhadores de eito a jornal, todo um povo de reduzida pecúnia. Aguardente do

Reino estaria acima das possibilidades normais. E um tanto mais distante o vinho, mesmo o vendido em canecas, malgas, retirado dos bojudos tonéis.

O tráfico da escravaria impôs a valorização incessante. Aguardente da terra, a futura cachaça era indispensável para a compra do negro africano e ao lado do tabaco em rolo, uma verdadeira moeda de extensa circulação. Além de ser jubilosamente recebida pelo vendedor na Costa d'África, figurava necessariamente como alimento complementar na trágica dieta das travessias do Atlântico. O escravo devia forçosamente ingerir todos os dias doses de aguardente para esquecer, aturdir-se, resistir. Soldados e marinheiros através do oceano sorviam álcool. Era um preventivo. Ambrosio Richshoffer, embarcado na esquadra holandesa que vem assaltar Pernambuco, anota no seu *Diário*, 31 de dezembro de 1629: "Foi então dada a ordem de distribuir-se, pela manhã e à noite, um pouco de aguardente pelas equipagens".

Como os traficantes, voltando de África, vendessem as *peças* em portos estranhos aos da partida, os negociantes das praças abastecedoras, já em 1620 no Rio de Janeiro, conseguiram da Câmara que "nenhum navio pudesse carregar neste porto farinha de mandioca, que com a aguardente era o principal artigo de comércio para a África, sem deixar fiança de que em troca traria certo número de escravos negros" (Vivaldo Coaracy, *O Rio de Janeiro no Século 17*, Rio de Janeiro, 1944).

Não era apenas e unicamente a bebida vulgar de escravos e navegantes. Ampliara sua área de ação. Impusera o uso abusivo. Ocupava menos lugar na estiva, exigindo cuidados mínimos nas longas jornadas marítimas e terrestres.

Os vinhos de Portugal sofreram as consequências da predileção popular. Diminuição sensível e depois alarmante na exportação. A Companhia de Comércio, então monopolizadora dos transportes, recorreu à Ciência do Conselho da Coroa. A solução foi genial. A metrópole precisava de açúcar e produzia aguardente. A Carta Real de 13 de setembro de 1649 proibiu a fabricação do *vinho de mel*, eufemismo da aguardente, em todo o Estado do Brasil.

Reagem os prejudicados. Como suprir ao tráfego, fornecendo aos mercadores de escravos a insubstituível divisa? A produção local, oculta e teimosa, continuou atendendo aos pedidos habituais, com a visível solidariedade administrativa. O governador do Rio de Janeiro, D. Luis de Almeida Portugal, não cumpre, praticamente, as determinações do Rei já português, D. João IV, o Restaurador. Responde aos argumentos econômicos e teológicos do Conselho. Se os escravos furtam para beber aguardente, furtarão também para beber vinho. Para o Nordeste fervia a guerra contra o holandês, canaviais queimados, engenhos imóveis, escravaria fugitiva, numa deficiência total à mais pessimista previsão da safra açucareira, combustível para a Companhia, pesarosa e sempre esperançada de milagres recuperadores.

A bebida, entretanto, estava em todas as partes mesmo com o interdito. Apenas em 1661 o Rei D. Afonso VI, sob a regência da rainha D. Luísa de Gusmão, suprimiu a proibição, inoperante, ineficaz, desastrosa. Visava o predomínio das aguardentes do Reino. Determinava realmente a clandestinidade contrabandista, na produção e distribuição da cachaça. Nesse 1661 teria a rainha-viúva pensado transferir a coroa para o Brasil. A Espanha fizera as pazes com a França. O Duque de Aveiro e D. Fernando Teles de Faro, embaixador de Portugal na Holanda, haviam desertado. O Sumo Pontífice não reconhece a independência soberana do Reino de Portugal. Só o faria em 1668. Convinha ir fixando no Brasil as rendas, mínimas, que se escoavam para o Reino. E mesmo intensificar-lhes a existência.

Nas últimas décadas do séc. XVII acelera-se o comércio de escravos, verificando-se ascensão na venda da aguardente, subproduto do açúcar. Vêm impostos, taxas, subsídios, denunciando a importância quantitativa da espécie. O açúcar perdia a soberania financeira para o ouro. As minas-gerais estão faiscando. Quando, pela Carta Régia de 4 de novembro de 1690, D. Pedro II proíbe o envio para Angola, excita-se realmente o contrabando, inevitável e prolífero. Onde mói um engenho, destila um alambique. Alguns engenhos dispensam o açúcar. Aguardente sustenta casa e família. Parati, 1666, ao redor de Angra dos Reis, vai avançando de tal ritmo que, ao passar na centúria imediata, o nome da Vila é sinônimo nacional da aguardente. *Um cálice de parati*, diz-se ainda hoje, como quem diz Madeira, Porto, Colares, Cognac, Champagne, Bordeaux, Tokay, terras que são nomes de vinhos. A primeira indústria em Mogi das Cruzes, São Paulo, é a fabricação da aguardente (Isaac Grinberg, *Mogi das Cruzes de Antigamente*, 205, São Paulo, 1964). Informa Leonardo Arroyo (*Igrejas de São Paulo*, 2ª ed., 84, São Paulo, 1966): "Aí tinham os beneditinos o seu engenho de açúcar com bom rendimento (18$380 no ano de 1788), com rendimento de aguardente ($960 nesse mesmo ano), além dos proventos proporcionados pela colheita de arroz, de feijão e milho, num total de $240. A aguardente rendia mais que o feijão e o arroz". Não mais reapareceria o fantasma limitador. D. João V precisa de ouro e é o escravo quem o busca nas catas, esgotadas as reservas nas terras aluvionais. *Oiro do Brasil, prestígio de Portugal*, resume o historiador lusitano João Ameal. O escravo custa cachaça e rolos de tabaco aos seus proprietários africanos. É um cheque ao portador, descontável do Daomé à Angola, do delta do Níger à foz de Cunene. Com D. José, inicia-se a ditadura de Sebastião-José. A batalha é a exportação, a navegação própria, a valorização local, em discreto e obstinado conflito ao domínio de Sua Majestade Britânica, infiltrante e tenaz. A Companhia do Douro, já em 1756, abastece o mercado com aguardente do Reino, mas é difícil deduzir-se o volume da exportação brasileira, contrabandeada e lícita, para Portugal, Angola e mais para as repúblicas do Plata, através da Colônia do Sacramento. Na relação exportadora de Portugal em 1777, ano em que faleceu El-Rei D. José, vendem 39.674$400 de aguardente, a quarta-parte da cota do Pau-brasil, outrora onipotente.

 Em Cabinda a maior e principal fonte de receita para o Rei e fidalgos era o imposto pago pelos comandantes de barcos negreiros. Denominava-se *N'Bicó*. A cachaça participava amplamente no cômputo de *N'Bicó*. Não havia *vinho* local que merecesse comparação. J. Lúcio de Azevedo (*Épocas de Portugal Econômico*, 377, Lisboa, 1947), informa, minuciando a exportação portuguesa para o Brasil e alude aos *escravos de que Angola se sustentava*. Era, decorrentemente, mercado imutável e ávido da aguardente, presentes aos intermédios dos Sobas, mercadores da carne-viva da escravaria.

Desde 1760 as fábricas na Beira, Minho, Trás-os-Montes, principalmente, funcionavam sob a régia proteção do futuro Marquês de Pombal. A exigência é que destilem vinho das próprias lavras. Os lavradores empregavam, e continuaram empregando, alambiques particulares, comprando safras, transformando-as em aguardente, embarcando pipas para o Brasil, dificultando o cálculo real para as tarifas fiscais. Ao lado do tonel do vinho português, Metrópole e Madeira, das barricas de carne de porco fumada, vinha aguardente do Reino, sem pagar coisa alguma a El-Rei Nosso Senhor.

É nessa altura que misturam ao líquido erva-doce e outros ingredientes aromáticos, motivo da Carta Régia de 16 de dezembro de 1760, indignada com tais ousadias. Imitava-se o anis espanhol então prestigioso. Na Galícia ainda denominam a *cachaça* por *Anis da terra*, diz-me Bouza-Brey. Dataria dessa época. Ainda nesse 1760 as bebidas similares dos "Reinos estrangeiros" tiveram entrada interdita nos mercados de Portugal e Colônias de Sua Majestade. Naturalmente era de proibição formal qualquer negócio de aguardente com os indígenas, que já não mais estavam sob a tutela jesuítica, tenazmente defensiva. Essa proibição acelerou a transação furtiva mais avultada que a legalmente permitida. A cachaça, pelo nordeste brasileiro, foi uma calamidade aniquiladora dos derradeiros tupis, cariris, tarairius e jês. Tufão em folhas secas...

Durante o séc. XVIII enviaram para Portugal e Açores quantidades de cachaça para que fosse redestilada, retificada, alcançando maior teor de álcool, acima da escala precária na rudimentar aparelhagem brasileira. Ainda em 1819 faziam esses embarques no Pará, registrados por von Martius: "Grandes remessas de aguardente comum (*zu Branntweine*) vão para os Açores e para Portugal, de onde é recambiada ao Brasil depois de parcialmente retificada" (*Viagem pelo Brasil*, III).

Durante a administração do Marquês de Pombal sob El-Rei D. José (1750-1777) a navegação para a Costa d'África não teve solução de continuidade. O entreposto central era São João Batista de Ajudá, que permaneceu português até julho de 1961, encravado no território marítimo do Daomé, ponto de convergência para os embarques de toda a região, e em porcentagem às vezes superior aos portos de Angola. Os rolos de tabaco, tecidos de seda, chapéus de sol de veludo, aguardente do Reino e do Brasil, os búzios, atestavam as sumacas, corvetas e navios maiores.

O sargento-mor José Antônio Caldas, engenheiro militar, baiano, falecido em 1782, escreveu uma bem curiosa *Notícia Geral de toda esta Capitania da Bahia desde o seu Descobrimento até o Presente Ano de 1759*, editada em fac-símile pela Câmara de Vereadores de Salvador em 1951. Divulgo uma relação dos "Gastos que faz o Diretor da Fortaleza de Ajudá quando vem de novo na sua entrada e primeira visita ao Rei de Daomé por conta de Majestade que Deus guarde", bem expressiva para a indispensabilidade da aguardente, elemento aliciante e aproximador na convivência pública naquela segunda metade do século XVIII.

PARA O ACOMPANHAMENTO E MAIS PESSOAS NO SEU DESEMBARQUE:
Uma âncora de aguardente para o avogá.
Uma âncora aos cabos da praia.
Duas âncoras aos Cabeceiras do recebimento.
Uma âncora à comitiva dos mercadores.
Duas âncoras para a gente do Forte.

VISITA PARA O REI:
Dois chapéus de sol de veludo grandes.
Três frasqueiras de licor.
Duas frasqueiras de aguardente do Reino, boa.
Duas peças de seda de boa qualidade.
Um feixo de açúcar.

PARA A MÃE DO REI:
Uma peça de seda da Holanda.
Uma frasqueira de licor.
Uma frasqueira de aguardente do Reino.

PARA O TAMUNGÁ:
Uma peça de seda da Holanda.
Uma âncora de aguardente.

PARA O ABOGÁ:
Uma peça de seda da Holanda.
Uma âncora de aguardente.

PARA O CAIXARIS:
Uma peça de seda da Holanda.
Uma âncora de aguardente.

PARA OS QUATRO CONSELHEIROS:
Quatro peças de cabaia listrada da Índia.
Quatro âncoras de aguardente.

PARA UMA MULHER DE RECADOS:
Uma peça de cabaia listrada.
Uma âncora de aguardente.

PARA O APOLGÁ:
Uma peça de cabaia listrada.
Uma âncora de aguardente.

PARA O BOGA:
Uma peça de cabaia listrada.
Uma âncora de aguardente.

PARA O GENERAL AGAÚ:
Uma peça de cabaia listrada.
Uma âncora de aguardente.

PARA OS DOIS CABOS DA PRAIA:
Duas peças de cotonilas dobradas.
Uma âncora de aguardente.

PARA OS DOIS MAIORES MERCADORES, BAMBIÁ E BOCOXAPÁ:

Quatro peças de contonilas dobradas.
Duas âncoras de aguardente.

PARA OS GASTOS DO CAMINHO:
Quatro âncoras de aguardente.
Quarenta cabeças de búzios.

Não tenho notícia, em Portugal e Brasil, da vasilha denominada *âncora*. Existem os barriletes *ancorotes* e *ancoretas*, transportando água ou cachaça, esta para o engarrafamento. Os sufixos denunciam a redução na capacidade. As "âncoras" seriam bem maiores. Ancoretes e Ancoretas podem conter até cinquenta litros de aguardente.

A *cotonila* ou *contonila* será modalidade da *cotonia*, tecido asiático, de algodão, seda ou de ambos. O pormenor *dobradas* significaria o tipo mais espesso, vistoso e consistente. A *cabaia* vinha da Índia, traje de seda leve, folgado, confortável para a imponência fidalga do Daomé. O gosto local preferia os modelos listrados, aliás, os mais populares.

Distinguia-se da banal *Aguardente da terra,* cachaça humilde, a *Aguardente do Reino*, com a etiqueta *boa*, para o majestático e ritual consumo.

As mercadorias da Europa e da Índia iam da Bahia, possuindo navegação praticamente direta porque quase todos os comboios regressando de Goa refrescavam na Baía de Todos os Santos, vendendo ou entregando parte da carga exótica, tecidos, armas, louças, especiarias. O sargento-mor José Antônio Caldas informava em 1759: "Deste porto para o Reino de Angola saem todos os anos para cima de doze embarcações carregadas de fazenda da Índia e Europa, águas-ardentes da terra e outros gêneros a buscar escravos e cera para o serviço e gasto desta América. Não menos serve de opulência a esta Capitania as muitas fábricas e casas de alambique das quais só pude averiguar com certeza as que existem nos termos das vilas próximas a esta cidade; porque as que há pelo sertão e portos de mar da sua Capitania são inumeráveis nas quais se fabricam águas-ardentes de cana, da cabeça, e da terra, gêneros que a maior parte deles se dá consumo na terra, e nos portos da Guiné".

Guiné, como no tempo de Garcia da Orta, era a costa d'África ocidental. Eram setenta e um esses *lambiques* arrolados pelo sargento-mor engenheiro. Não citando os múltiplos escondidos, mas fecundos.

Henry Koster, residindo onze anos em Pernambuco, observara em 1810: "Até recentemente somente um número reduzido de plantadores possuía alambique para destilação, e se limitavam a vender o mel produzido aos pequenos destiladores. Muitas pessoas, das classes baixas, possuem um ou dois desses primitivos e rudes alambiques, dos quais retiravam relativo proveito sem muito esforço. A lenha está ao alcance da mão e dificilmente existirá um homem sem que tenha seu cavalo. As mulheres ficavam vigiando o alambique enquanto os homens se ocupavam noutras obrigações. Com a abertura dos portos do Brasil ao comércio estrangeiro, grandes quantidades de aguardente (*Koster escreve sempre Rum*) foram exportadas para a América do Norte e os pedidos de Lisboa foram mais avultados que outrora. O preço, consequentemente, subiu, induzindo a vários agricultores destilar os seus meles" (*Viagem ao Nordeste do Brasil*, cap. XVI).

Difícil não compreender a expansão de coisas produzidas e consumidas pelo povo nas áreas da própria predileção. A aguardente teve fase prolongada de industrialização caseira, humilde e familiar, ao lado das grandes destilarias que ainda não sufocaram inteiramente a obstinada e mínima rivalidade obscura. Lembra a indústria dos queijos tradicionais pelos serranos de Portugal, Espanha, Itália, queijos de leite de cabra, feitos em casa, com aparelhagem rústica, tendo apreciadores fanáticos, julgando-os infinitamente superiores aos tipos obtidos nas fábricas modernas. Por todo interior do Brasil, dependendo da natureza dos terrenos permitindo o pequeno canavial, este se destinava a uma parte de rapadura, açúcar do sertão-velho, e três partes de cachaça para os

1 - O feitor na plantação de açúcar, 1881, xilogravura de X.A.V. Singer (Reprodução do livro *A travessia de Calunga Grande – Três séculos de imagens sobre o negro no Brasil (1637-1899)*, de Carlos Eugênio Marcondes de Moura, São Paulo, Edusp, 2000).

2 - Engenho de açúcar, de J. M. Rugendas (*Coleção particular*).

1 - Pequena moenda portátil, de Jean-Baptiste Debret.

2 - Detalhe do engenho, de Frans Post.

3 - Praefectura Paranambuca pars Borealis, de Frans Post (*Biblioteca Nacional, Rio de Janeiro*).

1

2

3

1 - Paisagem com plantação (O engenho), 1668, de Frans Post (*Museu Boiymans Van Beuninger, Roterdã*).

2 - Ilustração do século XVIII (entre 1700 e 1710), representando um engenho de açúcar (Reprodução do livro *A travessia de Calunga Grande – Três séculos de imagens sobre o negro no Brasil (1637-1899)*, de Carlos Eugênio Marcondes de Moura, São Paulo, Edusp, 2000).

3 - Engenho de cana-de-açúcar em São Carlos, de Antoisse Hercule Romuald Florence, São Paulo, 1844.

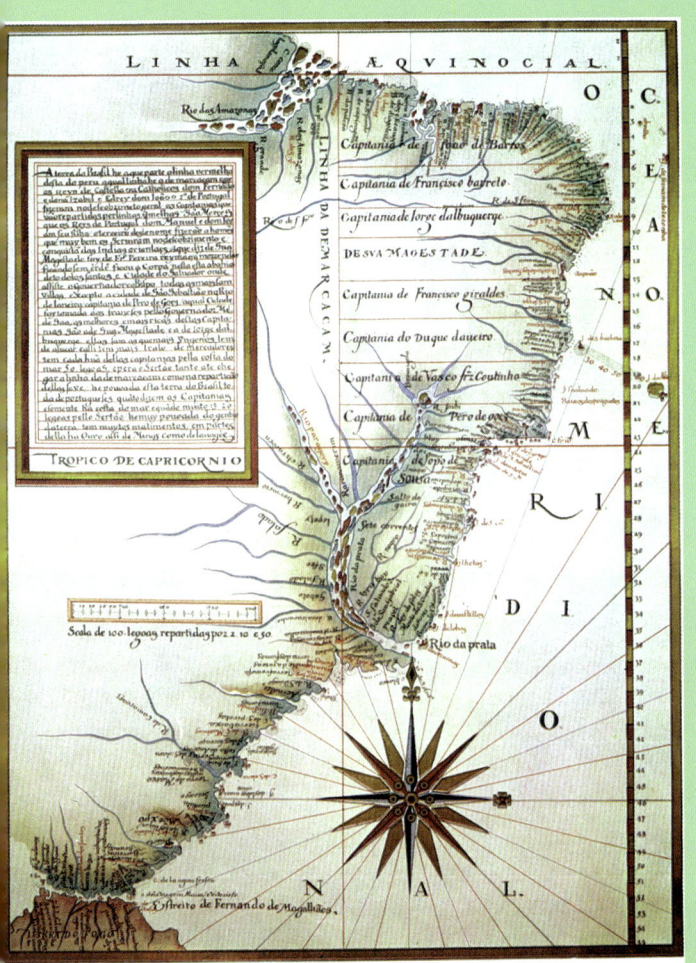

1 - Mapa das capitanias, 1532.

2 - Engenho a vapor, usado na Jamaica no início do século XIX (*www.novomilenio.inf.br/santos/h133b3.htm*).

1 - Alambique artesanal (*Usina Imagem*).

2 - Barril de cachaça (*Ricardo Serpa/Sambaphoto*).

3 - Rótulo utilizado na garrafa de cachaça Murycana (*www.paraty.tur.br*).

Garrafas de cachaça comercializadas
4 - (*www.sucos.com/bilder/cachaça/565*).
5 - (*www.sucos.com/bilder/kolumbien/3560*).
6 - (*www.sucos.com/bilder/kolumbien/4560*).

CAIÇARA
IMPORTED
Aguardiente
Cristal
INDUSTRIA LICORERA DE CALDAS
TACAM
Demonio de los Andes

1 - Garrafas de cachaça, RJ. (*Renata Mello/Olhar Imagem*).

mercados internos, anônimos e misteriosos, ignorados pela argúcia fiscal. Assim foi até os primeiros anos do presente século. Paralela à fábrica de aguardente, imperiosa e complexa, alinhava-se a multidão invisível das *engenhocas* teimosas, pingando cachaça nas gargantas paupérrimas. Wied-Neuwied (1916) cita em Ilhéus *as engenhocas que só fabricam "melado" e aguardente*. Era o mesmo por paragens incontáveis.

Decorrentemente, possuía a cachaça uma sinonímia esmagadoramente superior a outra bebida. No Brasil, talvez alcance o meio milhar de denominações humorísticas, líricas, sublimando o recalque, consagrando o vício beberrão. Centenas e centenas de títulos dados pelos fabricantes ou ligados à zona de produção, cidade, vila, usina, tornam-se genéricos, usuais no linguajar das ruas e das feiras. Os recenseamentos folclóricos não podem acompanhar a novidade das improvisações. Todos os Estados, municípios, distritos, localidades, classes sociais, terão curiosidades verbais, batizadoras da cachaça (José Calasans, *Cachaça, Moça Branca*, 2ª ed., Salvador, Bahia, 1951).

Creio ainda que a cachaça conquistou ascensão aos níveis, antes indevassáveis, nos surtos da eloquência nacionalizante, precursora e consequente ao período da Independência, quando era patriotismo não beber produto das vinhas portuguesas. Na revolução pernambucana de 1917, o padre João Ribeiro, mentor tão legítimo que se suicidou na derrota, recusou o cálice de vinho francês que lhe oferecia Tollenare, e pediu, para o brinde, aguardente. Como todos sabem, o boicote terminou nas festas da coroação do Imperador D. Pedro I, 1º de dezembro de 1822.

A propaganda da cachaça partiu de baixo para cima e de dentro para fora. A Rua da Quitanda, na cidade de São Paulo, foi o *Beco da Cachaça*. Em 1867 Richard Burton encontrou uma *Rua da Cachaça* em São João del Rei, Minas Gerais. No Brasil, a mais antiga menção, para mim, encontro na 5ª das *Cartas Chilenas* redigidas em 1788-1789, segundo Afonso Arinos de Melo Franco, ou 1786-1787, na dedução de M. Rodrigues Lapa.

Outros mais sortimentos, que não fossem
Os queijos, a cachaça, o negro fumo.

Pois a cachaça ardente que o alegra,
Lhe tira as forças dos robustos membros.

Versos 58-59 e 325-326, denunciando difusão do nome em Ouro Preto ao findar do séc. XVIII. Seria mais comum no Rio de Janeiro, Bahia, Pernambuco, regiões do fabrico.

O primeiro estrangeiro a registrá-la em texto venerando será o Príncipe de Wied-Neuwied, *Viagem ao Brasil*, II, Francfort-sobre--o-Meno, 1821, escrevendo *Cachaza* em 1816. "Encontra-se no Rio Taipe um engenho de açúcar e várias engenhocas, onde se fabrica aguardente. A qualidade mais comum no Brasil é a chamada "aguardente-de-cana", a que é um pouco mais bem destilada se chama "aguardente-de-mel", e a melhor de todas, vinda da Bahia, *Cachaza*. Trazem da Europa várias espécies de bebidas fortes, como por exemplo a "aguardente-do-reino", que vem de Portugal, a "genebra" da Holanda, o "rhum", etc. II, III. O segundo teria sido von Martius em 1818, *Viagem pelo Brasil*, II, III, grafando *Cachassa*: "Quanto à *Cachassa* são exportados de 10.000 a 11.000 pipas cada uma regulando umas 500 garrafas", referindo-se à Bahia. Não pude verificar se essa suplência pertencera a Saint-Hilaire ou Hawe.

O Padre Perereca, Luis Gonçalves dos Santos (1767-1844), cujas *Memórias* alcançam fevereiro de 1821, só escreveu *águas-ardentes*. Cachaça cheirava a suor plebeu. O padre, como nenhum outro, foi o cronista-mor das festividades ao Príncipe-Regente e D. João VI no Rio de Janeiro.

3. AUSÊNCIA
· · · · · · · · · · · · · · · · ·

Atenda-se que o brasileiro é devoto da cachaça mas não é *cachaceiro*. Augusto de Saint-Hilaire, de junho de 1816 a agosto de 1822, percorrendo o Brasil do sul, fixado em livros incomparáveis, informava em 1819 que *Cachaça é a aguardente do país*. Apesar do registro vulgarizador, o grande botânico não hesitou em afirmar: "Não se deva supor, todavia, que o gosto desses homens pela cachaça os conduza frequentemente à embriaguez. Apresso-me a dizer, em louvor não só dos goianos, como ainda dos habitantes do Brasil em geral, que não me lembro de ter visto, no decurso das minhas longas viagens, um único homem embriagado" (*Viagem às Nascentes do Rio São Francisco e pela Província de Goiás*).

Mais vivo é o depoimento de George Gardner, de julho de 1836 a junho de 1841 no Brasil, colecionando plantas para os museus da Inglaterra. Médico, Gardner ficou dois anos no Rio de Janeiro, passando à Bahia, Recife, Ceará, alcançando o Piauí, Goiás, Minas Gerais, visitando regiões inexploradas, motivando o inimitável *Travels in the Interior of Brazil*, London, 1846. Declara: "Vindo do Brasil desembarquei num domingo de manhã em Liverpool, e vi nesse dia mais ébrios, no meio das ruas dessa cidade, do que vi, entre os brasileiros, brancos ou mestiços, durante toda a minha estada em seu país, que foi de cinco anos".

"Sóbrios como todos os brasileiros", afirma Wied-Neuwied.

No período da organização da sociedade brasileira, notadamente finais do séc. XVI às primeiras décadas do séc. XIX, os soberanos portugueses não amavam as bebidas alcoólicas, de D. Manoel a D. João VI, não dando clima de compreensiva simpatia à embriaguez aristocrática. As exceções pessoais constituíam anedotário e sempre distante da pessoa do Rei. A fama da glutonaria lusitana derramou-se pela Europa e passou ao Brasil, destoando da clássica frugalidade castelhana. Mas a bebedeira não ajudava a ninguém impor-se socialmente. Os dois Imperadores do Brasil foram abstêmios, notadamente o segundo. D. João VI era acompanhado, nas jornadas de passeio, por um pajem levando a bilha de barro da Bahia, com a bebida indispensável, água pura.

Uma observação unânime nos viajantes estrangeiros do séc. XIX, aqueles que encontraram o Brasil-Velho, saudoso do Vice-Rei e dos Capitães-Mores das Ribeiras, atesta a sobriedade brasileira no tocante ao consumo alcoólico. Já em fevereiro de 1649, nas tréguas para sepultamento dos mortos na segunda batalha de Guararapes, o sargento-mor Antônio Dias Cardoso, ouvindo do enviado holandês que os portugueses haviam, pelo ímpeto, combatido *mui borrachos*, indignou-se: "O sargento-mor lhe respondeu que na campanha havia muito pouco vinho, e que quando fora muito que os portugueses se não emborrachavam por ser entre eles a maior infâmia" (Diogo Lopes de Santiago, *História da Guerra de Pernambuco,* V, VI).

Eram grandes bebedores d'água fresca, apregoada e vendida nas ruas e praças, como desenhou Debret. A metade do artesanato cerâmico destinava-se aos recipientes para transportar e guardar água. A alimentação acidulada com sal e pimenta, a constante avidez pelos doces que a fartura industrial do açúcar facilitava, o clima determinando a contínua desidratação pela atividade sudorífera, explicavam a paixão pela água, regando normalmente a refeição, e única a saciar a sede tropical. Daí o luxo, a mania exibicionista dos copos de prata do Porto, os patacões do Império fundidos para fazer os copázios de litro e meio, as vasilhas aparelhadas de correntes de prata maciça para colher o líquido na fonte sem que o cavaleiro desmontasse, os cocos orlados de prata e mesmo cobertos de filigrana de prata, cujas delicadas miniaturas figuram entre as peças pendentes dos molhos de balagandãs da Bahia, verdadeiras joias.

Diga-se, de passagem, da antiguidade dessa utilização, o coco, vaso-de-beber. Carolina Michaëlis de Vasconcelos (*Púcaros de Portugal,* Lisboa, 1957) cita Antônio de Guevara (1539), incluindo a *nuez de Índia* na vasilhagem dos navegadores. E anotou: "Cocos tanto vinham das Índias orientais como das ocidentais. Havia exemplares artisticamente lavrados". A *nuez da Índia*, coco-da-praia, coco-da-baía, *Cocos nucifera*, Linneu, veio unicamente da Índia ou da Polinésia, da África oriental, para a América do Sul, onde era ignorado antes da presença de espanhóis e portugueses, apesar das conclusões contrárias de Georg Friederici. O coco não atravessaria o Oceano Pacífico trazido pelas vagas *durch die Malaio-Polynesier* pela corrente fria de Humboldt, sem apodrecer (*Kon-Tiki*, 91, da 5ª ed. brasileira). Para o Brasil, informa Gabriel Soares de Sousa (1587), vieram as primeiras mudas do Cabo Verde, *d'onde se enchem a terra*. A história de sua expansão na orla brasileira é de relativa facilidade. Difícil é provocar o interesse determinador.

Na Índia a quenga valia escudela. Garcia da Orta descrevia (*Colóquio*, XVI), entre 1534-1558: "A primeira das cascas é muito lanuginosa e desta se faz cairo... E a outra casca serve de vasos para beber a gente mesquinha". Antes e continuando em uso contemporâneo, os ameríndios empregavam o cuité, cuia (*Crescentia cujete*, L), cumbuca, cabaças, cabaços (*Legenaria vulgaris*, Ser.). Os ornatos decorativos nesses frutos não desapareceram nas zonas de produção. O mercado turístico tem desfigurado o sentido estético na influência da sofisticação atraente. Mas ainda há modelos bonitos.

4. A PROFISSÃO

A fabricação da cachaça, tão cedo instalada no Brasil, concedeu uma aura de competência profissional aos naturais do país. Em 1851, um brasileiro residente em Mossâmedes, sul de Angola, oferecia-se para "levantar engenhos de açúcar, tanto tocados por água, como puxados por animais, que se acha apto para o fabrico de açúcar, aguardente e tudo quanto diz respeito a agricultura e fatura dos ditos engenhos" (Mário Antônio Fernandes de Oliveira, *Aspectos Sociais de Luanda Inferidos dos Anúncios*, Coimbra, 1965).

5. EXPORTAÇÃO

Em 1810, Henry Koster comentava a exportação do mel de cana de Pernambuco para os Estados Unidos. Von Martius, em 1818, citando a exportação da Bahia para a América do Norte, ilhas portuguesas e países marítimos da Europa, colocava a cachaça e o mel-de-cana logo depois do açúcar, café, fumo e algodão. Admirava-se dos norte-americanos importarem tanto melaço da Bahia quando Cuba, com produção idêntica, estava muito mais próxima. É que, deduziu o alemão, 14,7 libras do mel baiano forneciam um galão de cachaça (3 litros, 73 centilitros), e o melaço cubano, para o mesmo galão, exigia 26,5 libras, quase o duplo para o resultado igual. Daí a preferência.

6. NIVELADORA

A cachaça foi a revelação gostosa e catastrófica para negros africanos e amerabas brasileiros. Dissolvente dinástico, dispersador étnico, perturbador cultural. Graças ao álcool o mercado africano exportador da escravaria prolongou-se, resistindo às repressões, superando os obstáculos. A circulação interna do escravo negro na África veio às portas do séc. XX. Era a irresistível moeda por todo continente, verificaram Livingstone, Serpa Pinto Wissmann, Schweingfurty, o recente e admirável Albert Schweitzer. Ainda em 1885, Stanley confessava não ser possível relações e comércio no *Congo without rum*, sem aguardente. Foi explicável a salvação pela continuidade da massa demográfica, pelo apoio das populações indenes, sobretudo pela pregação e violência do proselitismo abstêmico muçulmano. A aguardente é o *incentivo pelo qual fazem qualquer coisa*, anotou Maria Graham, olhando um grupo no Recife de 1821. Os registros desolantes dos naturalistas que viajaram os sertões e mundo amazônico, dando cachaça em troca de trabalho normal. Os jesuítas vedavam a penetração da cachaça nos aldeamentos. No sul, propagando a erva-mate. No norte, preconizando as garapas. Quando liberaram o uso, o tupi desapareceu, diluído, dessorado, desfeito pela cachaça. Os saldos étnicos existentes pelo Nordeste não tinham, como os negros na África, o suporte maciço da multidão incontaminada e fraterna. Nenhuma restrição apareceu, depois de 1759, ao direito de embriagar-se até o brutismo inerme. No Rio Grande do Norte, como para toda a região, não resistiram a cem anos de *liberdade* bebedoura. Ainda é a suprema tentação para o silvícola, água-de-fogo, sacudindo o organismo como se houvesse deglutido uma tempestade. Superior às armas de repetição e às técnicas do massacre tribal nos processos do despovoamento para o caucho, seringa castanha. Álvaro Maia documenta o poder do álcool irresistível, fixando a conquista assombrosa e a fixação alucinante do homem no Amazonas numa série de contos que são depoimentos para a Sociologia, para o telurismo da presença humana na região.

7. BEBIDA DE "CABRA"

A poesia anônima e popular não indica o uso da cachaça ao branco, ao *cabobo* (grafia legítima, de *Caá*-mato e *Boc*, tirado, procedente, oriundo, segundo mestre Teodoro Sampaio) e ao negro brasileiro, e sim ao *Cabra*, vagueando englobadora de mestiços, de várias procedências, *gentium incertae affinitatis*.

> Mulato não larga a faca,
> Nem branco a "sabedoria",
> Cabra não deixa a cachaça
> Nem negro a feitiçaria.

> Jogo de branco é dinheiro,
> De caboco é frecharia;
> Vida de cabra é cachaça,
> De negro é feitiçaria.

> (*Variante do Maranhão*)

Na primeira quadrilha, vulgar de Sergipe ao Ceará, fixa-se a *permanente* funcional, a normalidade de ação, a maneira-de-ser. A disponibilidade agressiva do mulato, a perfídia astuta do branco, são sequências como a feitiçaria para o negro e a cachaça para o "cabra". Na segunda quadra, mais íntima e medular, alude-se ao *ludus*, o emprego do tempo, a escolha da atividade livre, uma aplicação volitiva dos saldos psicológicos na quarta dimensão. É uma pequenina obra-prima de crueldade, precisão e nitidez. Essa energia instintiva, indisfarçável, para o branco é o dinheiro. Interesse absoluto, fundamental, orgânico.

> O que o dinheiro não arrumar,
> Não tem mais arrumação!

Somos, nessa concepção, o que valemos economicamente. Vale quem tem. Sem dinheiro, não há pandeiro. O Céu é o limite para as citações concorrentes. Para o caboco, aqui personalizando o indígena, é o retorno à vida pretérita, arco e flecha, mato e cadência social que o *civilizado* não compreenderia jamais; a *flecharia*, a livre manifestação da vontade nos caminhos proibidos do costume milenar. O esquimó, recusando a catequese porque o paraíso cristão não tinha focas. A reidentificação ecológica. Para o negro é a magia, o mistério, tentando esclarecer e disciplinar na potência dos amuletos, dos gestos defensivos, na custódia vigilante dos patuás e dos esconjuros magnéticos. O *ludus* negro é o sobrenatural, o lógico para ele, incapaz de compreender as razões *naturais*, devoto divinizador do cotidiano.

Vida de cabra é cachaça, ambivalência da frustração, a fuga à realidade opressiva ao eterno desajustado, hóspede de todas as culturas.

> Minha mãe teve dois filhos,
> Fui eu só que dei pra gente:
> Vendi tudo o que era nosso,
> Bebi tudo de aguardente.

> A cachaça a Deus do Céu
> Tem o poder de empatar:
> Porque se Deus dá juízo,
> Cachaça pode tirar...

E mais tragicamente às vezes, com a consciência suicida, expressa nesse versinho de Aires Palmeira:

> Reserva um canto na pança
> Para enchê-lo de cachaça,
> Pois toda nossa esperança
> Se encerra nessa desgraça.

E a fatalidade incoercível, ridicularizada e terrível:

> Homem que bebe cachaça,
> Mulher que errou uma vez,
> Cachorro que pega bode,
> Coitadinho deles três!

Para o julgamento do Povo, os descendentes mestiços são fiéis à cachaça. Outrora pelo preço acessível, consentindo a continuidade viciosa. Agora pela valorização da bebida, equiparada em custo aos velhos conhaques, subindo aos olhos do consumidor. A tradição cachaceira não é europeia cedida ao reinado dos Vinhos, tal qual estudou Fernando de Castro Pires de Lima, diretor do Museu de Etnografia e História do Porto. Nem se manteve na geração brasileira dos europeus. Quem pesquisa o "complexo" sente a limitação do consumo a determinadas classes na visível geografia do automatismo grupal. Quase sempre só bebem, vendo beber. É a mais comunitária das bebidas. Para o bebedor não é uma subalternidade a escolha de aguardente. A humildade originária sublima-se pela sinonímia sonora, animadora, jubilosa. Sobretudo, no mundo pobre e fusco dos devotos, a Cachaça recebe véu e capela de alvura, candidez, beleza: *Moça Branca*, a *Branca, Branquinha*. Essas denominações arianizam a companhia plebeia, proclamando a distinção do contato, pondo uma coroa de nobreza no colar de aljôfares da *pinga*. É a bebida-do-povo, áspera, rebelada, insubmissa aos ditames do amável paladar, bebida de 1817, da Independência, atrevendo-se enfrentar o vinho português soberano, o líquido saudador da Confederação do Equador em 1824, dos liberais da *Praia* em 1848, a *Patrícia*, a *Patriota,* a *Gloriosa*, cachaça dos negros do Zumbi no quilombo dos Palmares, do desembargador Nunes Machado e de Pedro Ivo, dos Cabanos, cachaça com pólvora dos cartuchos rasgados no dente, na Cisplatina e no Paraguai, tropelias dos Quebra-Quilos, do Clube do Cupim, conspirador abolicionista, gritador republicano, bebida-nacional, a *Brasileira*:

Que zombe o vulgo insensato
De quem da vida a canseira
Afoga, rindo do mundo,
N'um trago da *Brasileira*!

Por isso a avó do poeta Ascenso Ferreira dizia que fora a *Branquinha* quem gritara a República de Olinda em 1710.

Mas toda essa projeção estrondante atira-se, como vagalhão equinocial, por cima da muralha inabalável do preceito social. Passada a efervescência entontecedora e contagiante, a cachaça recua para seus álveos comuns, para a circulação obscura de vendas e bodegas, suburbanas e rurais. Cendrillon volta ao esfregão cozinheiro. A carruagem é uma abóbora, os cavalos ratos, os lacaios, lagartos verdes. A *Moça Branca* despe a farda de vivandeira e retoma o sujo avental das feiras e das tascas.

Reaparece, disfarçada em gelo e sumo de frutas, nas *batidas* aperitivais, no gole rápido antecedor de feijoadas empanturrantes e paneladas apocalípticas. Participação sem predomínio. É uma menor, tutelada, garantindo o ingresso pelo prestígio acompanhante. Para que possa apresentar-se na legitimidade integral, a *lítica*, prosódia popular de *líquida*, pura, simples, natural, é indispensável o seu mundo, cenário, paisagem, ambiente, a mobilização insubstituível dos figurantes inseparáveis, *dramatics personae* infalíveis para o rito bebedor da *Cana*, nome que ainda resiste na Galícia, inconsistente em Portugal.

8. TÉCNICA

A Cachaça, hóspede dos negros africanos e dos amerabas, conquistou a preferência insular e continental, destronando todos os vinhos habituais. Só não a bebem quando é impossível obtê-la. Nenhuma bebida tradicional resistiu ao dominador impacto. Não há uma tribo para recusá-la, na África e na América. É o melhor presente, a moeda poderosa, o amavio sedutor.

Na África é impressionante a reação impotente de Héli Chatelain contra o álcool ao sul de Angola, tolerado como *mata-bicho* nas Missões católicas. Pela África Oriental, e mesmo atlântica, o caju brasileiro (*Anacardium occidentale,* Linneu), vulgarizou um vinho fermentado, como no Brasil nordestino, tumultuando e animando a vida local. O administrador da Zambézia diz a Hugh Tracey que esse vinho, denominado *sope,* feito em novembro, é responsável por três quartas partes dos crimes, nesse período do ano. Antônio Ennes, quando Comissário Régio em Moçambique, pensou em mandar destruir todos os cajuais para evitar a excitação turbulenta. Curioso é que o Conselho Político holandês em Pernambuco, julho de 1641, multava em cem florins quem derrubasse um cajueiro, por ser o fruto *um importante sustento dos indígenas* (José Antônio Gonçalves de Melo Neto, *Tempo dos Flamengos*, Rio de Janeiro, 1947). Essa avidez africana pela bebida era denunciada pelo padre André Fernandes em junho de 1560, referindo-se à planta *mapira* que permite farinha suculenta: "Mapira é a melhor e maior parte do seu mantimento e gastam porção dela que podia dar-lhes comida para trinta dias em fabricar uma bebida chamada *empombe* que lhes serve só para uma vez".

A cachaça penetrou o cerimonial religioso, integrando-se no patrimônio oblacional africano. *N'Zambi, Calunga, Mulungu*, bebem a aguardente. Pela África oriental notadamente Moçambique, as Rodésias, a garrafa de cachaça despejada no chão é a suprema oferta aos *Muzimos*, temerosos antepassados, propiciadores de êxitos. Pelos Congos e Guinés não há homenagem aos mortos eminentes sem aguardente derramada. Aplaca a fúria das almas inquietas e ciumentas. Apesar da pregação furiosa dos *monhés*, muçulmanos, a cachaça reina como um sultão de outrora por todo litoral do Índico e do Mar Vermelho, tal qual pelo Senegal e Níger.

Impressionante é esse poder *transculturador*, como diz Fernando Ortiz, apoiado por Bronislaw Malinowski, da aguardente vencendo a onipotência da *Nicotiana tabacum*. O fumo é popularíssimo, inseparável dos lábios africanos. Os Balalis da margem direita do Lago Stanley, 1885, introduziam no túmulo das pessoas queridas um cachimbo atestado de tabaco e já aceso, para que os defuntos satisfizessem o vício. Quem não fuma na África? Mas o tabaco não conseguiu aproximar-se das divindades. *Los dioses negros de África no fuman*, registrou Fernando Ortiz. Mas bebem cachaça, tão estrangeira quanto a solanácea, e, como ele, trazida pelos "brancos".

Pela América esses deuses de ébano aceitam os prazeres regionais. Loco, Iroco, Rocô, vivo nas gameleiras da Bahia e do Recife, o *Ogum Badagri*, do *Vodu* no Haiti, fumam charuto e bebem álcool, distanciados da etiqueta sudanesa.

Aguardente participa das exigências protocolares dos cultos negros em Cuba. É indispensável no *Catimbó* brasileiro. Sem cachaça não se faz um amuleto eficaz nem se arma um feitiço eficiente. A cachaça *preparada* pelo "Mestre", com folhas, raízes, essências, orações, serenos orvalhados, enterrada sob a soleira da porta principal, é uma muralha intransponível. Molhando-se com esse líquido a *muamba*, o *canjerê*, o *ebó*, a "coisa-feita", anulam-se todas as forças maléficas, inutilizando a potência adversa. A cachaça *soprada* pelo "Mestre" na *Pajelança* amazônica, umedecendo-se os pulsos, têmporas, sola dos pés, palma das mãos, nuca e alto da cabeça, é uma couraça impenetrável, durante certo número de dias ou semanas (*Bruno de Menezes*, informação pessoal).

Em todos, ou quase todos processos de *limpeza, descarga,* precaução mágica defensiva em Belém do Pará, para aguar a casa, entrada das portas e batentes das janelas, aguardente é fundamental. "A cachaça tem predominância visível. É o mais presente dos líquidos, demonstrando aculturação nacional. Receitam-na em meio litro (XXIX), xícara (XXVI), três dedos (VII), colher (IV), nove pingos (XXX), meio copo (XXXV), cálice (XXIV) ou sem precisar quantidade" (Luís da Câmara Cascudo, *Folclore do Brasil*, "Banhos de cheiro. Defumações. Defesas mágicas", 169, Rio de Janeiro, 1967).[1]

Pelo Pará e Amazonas há uma superstição referente aos tajás, originária de lenda dos caraíbas Macuxis, do Rio Branco. Emprestam a essas aráceas valores de encantamento. Plantadas ao derredor das residências transformam-se em onças e serpentes, defendendo-as dos assaltos, garantindo saúde, tranquilidade, abundância, atração sexual, resistência invencível, fortuna em caça, pesca, guerra, viagens, negócios. Mas as qualidades miríficas atuam depois da intervenção propedêutica do Pajé, benzendo os tinhorões, borrifando-os com uma mistura de composição secreta, espécie de *chambra* dos Kimbisas cubanos, onde a cachaça é invariável conduto. Informação do etnógrafo Bruno de Meneses, do Pará.

A cachaça, com esse e outros nomes, ocupa o trono da *chicha* pelos Andes e Antilhas. Alcança a Polinésia onde derrotou a samoana *kawa*. Tuamotu e Nova Zelândia sentem seu império. São suas vassalas as velhas bebidas indígenas amazônicas caxiri, carimã, tiquira, paiauaru, caisuma, xibé, carimba, cauim. O Conde de Stradelli atina num alambique entre os nativos do Rio Uaupés, afluente do Rio Negro, *Mutykyrepáua*, étimo de *muthky*, feito apurado, feito a lágrima; de *tyky*, pingo, lágrima, gota. Barro e madeira, para o caxiri de mandioca, através do beiju, em região onde a cana-de-açúcar estava ausente. Acreditava numa invenção indígena e não imitação.

---

1 Edição atual – 3. ed. São Paulo: Global, 2012. (N.E.)

"A destilada obtida nestes aparelhos, dizem os apreciadores, tem um gosto todo especial que inutilmente se procura na melhor cachaça." Sonho de verão amazônico. A *Mutykyrepáua* é uma adaptação aruaca do alambique que os portugueses levaram na bagagem "civilizadora"; em finais do séc. XVII. Não há outra solução.

Deduzo que a cachaça circulou pela África ocidental na segunda metade do séc. XVII quando o tráfico de escravos avolumou-se, e a aguardente era divisa insuperável ao lado do tabaco. Durante o domínio holandês em Angola, 1641-1647, e escravo fora adquirido pelo mesmo processo lusitano nas áreas onde a Companhia possuiu jurisdição efetiva. A produção local da cachaça africana fora insignificante porque não interessava aos países produtores uma concorrência com os engenhos brasileiros e antilhanos. E menos ainda na fase flamenga, precária e rápida, visando unicamente aquisição escrava. A fervorosa aceitação da cachaça denunciava o inesgotável mercado consumidor, acentuando-se pelo séc. XVIII.

Os *vinhos* africanos, todos fermentados, eram vulgares e conhecidos por todo o continente negro. A cachaça encontrou bebidas secularmente favoritas, notadamente retiradas da seiva de certas palmeiras, infusão de raízes. Só não havia a mastigação prévia, explicável, em parte, pela ausência dos amidos, dispensando a diástase da ptialina.

Apenas nas derradeiras décadas do séc. XIX os alambiques começaram a destilar pela África banto e sudanesa, com menor proporção legítima porque a *Saccharum officinarum* não bastava às necessidades sacarinas quanto mais às do aguardente. As anteriores, furiosamente disputadas, vinham do Brasil, nas *âncoras*, presentes aos soberanos e autoridades vendedoras dos conterrâneos negros. No final do séc. XIX a situação era a mesma, industrialmente, das ilhas dos mares do Sul, lançando mão de outras plantas, nativas ou aclimatadas, milho, sorgo, milhetos, aipim, inhame, batatas, cajus, como ainda se verifica.

9. CERIMONIAL

Um ângulo de psicologia coletiva é de surpreendente importância: a participação da aguardente no cerimonial religioso indígena, africano, oceânico, com pouco mais de dois séculos de percussão social. Numa infinita diversidade de raças e ritos sagrados, a cachaça anulou as restrições litúrgicas, impondo-se como ortodoxa. Não há outro exemplo de infiltrante penetração em toda a Etnografia Geral, no espaço e no tempo. Em qualquer dessas regiões, a cachaça era uma imigrante, estrangeira, visitante, como o tabaco que Bronislaw Malinowsk viu oferecer-se aos *Boloma*, espíritos, de Trobinand, na Nova Guiné.

Todos os pesquisadores dos *our primitive contemporaries* sabem da angustiosa vigilância nativa respeitante às obrigações do culto divino. O conhecimento funcional da licitude é minucioso, intolerante, pormenorizado. Nenhum homem branco, com maior capacidade de compreensão ou simpatia, conseguiu fixar os atributos definitivos dos grandes deuses assombrosos, *Olurum, Calunga, Mulungu, N'Zambi, Poluga*. Como nenhum mitólogo entendeu as limitações da onipotência dos Deuses-Olímpicos, decididas pelas imposições do *Destino,* do *Fatum.* A lógica de *Predestinação* e *Livre-Arbítrio*.

A sinonímia dessas entidades é interminável. E cada um dos nomes positiva grandezas específicas, autônomas, autossuficientes. O deus é um complexo de forças criadoras, constelação de poderes soberanos, independentes, convergindo para uma miraculosa e harmônica unidade onipotente.

O homem terá a liberdade dentro de ambiente invariável, como o peixe n'água e ave em zona ecológica. É a criatura indeterminadamente partilhante da funcionalidade criadora. Ligado ao sobrenatural-permanente, não esmagado pelo temor do castigo, mas convicto da indispensabilidade de sua colaboração consciente. O deus se avulta na unanimidade e pureza do culto fiel. O grande engano da Etnografia Clássica, ou da Antropologia Cultural moderna, é ver em cada *nativo* um candidato à evasão litúrgica. Rara e fortuitamente admitem a Fé, a Convicção, a Confiança nas almas *selvagens*. Os mestres antropologistas, que os digo Etnógrafos, consideram o nosso homem *inicial* como um crente numa religião provisória, mera disponibilidade para a conquista catequética subsequente. Cada devoto *primitivo* é realmente um *familiar do Santo Ofício* do seu credo, fiscalizando a ortodoxia alheia porque está tranquilo sobre a profundeza da própria. O senador Simaco e Ambrosio, bispo de Milão, são modelos definitivos, desde o séc. IV.

Decorrentemente, todos os atos culturais, dedicados aos deuses, devem ser impecáveis, puros, legítimos em sua tradicionalidade. *Nec varietur. Nihil innovetur* é a lei, formal, instintiva, desses códigos canônicos universais. Ver no Direito Canônico o título II, *De Consuetudine*.

A mais insignificante modificação nasce de autorização divina, expressa em forma notória, transmitida pela hierarquia sacerdotal idônea. Poderá surgir um culto novo; jamais uma alteração ritual no exercício consuetudinário. Foi nesse mundo imutável que, vinda de longe, a cachaça apareceu e ficou sendo participante do cerimonial pela África, pela Ásia, pela Oceania.

A oferta da aguardente no sepulcro dos antepassados nos dias oblacionais não existia quando das navegações iniciais pelo oceano Pacífico. Frutos, animais espotejados, flores, armas, bailados, cantigas e as bebidas que o uso normal tornara naturais para a alimentação extraterrena, satisfaziam a cerimônia. Bebidas que eram uma continuidade nutritiva, atestando o cuidado dos descendentes à robustez e saúde do morto, vivo na sua sepultura residencial.

É também um motivo de alegria, de animação simbólica às danças dos fantasmas no mundo das sombras eternas. Permitir-lhes-ia o mesmo vigor que o sangue das vítimas imoladas por Ulisses em homenagem aos mortos concedera aos espectros consultados a voz profética, anunciando o futuro (*Odisseia*, XI). Desde a segunda metade do séc. XIX a aguardente é incluída entre as oferendas, pela África negra como pela Polinésia, em sua multidão de ilhas faiscantes.

10. SINÔNIMOS

Aguardente, Cachaça e *Cana*, com o amável diminutivo *Caninha*, são sinônimos vulgaríssimos, talvez os mais comuns e "nacionais". Outrora, a *Cana* seria "nordestismo". Citando um jornalzinho do Recife, "A Duqueza do Linguarudo", 1877, Pereira da Costa registrou: "A *patrícia*, a que na Corte chamam *Paraty*, tem no norte o nome de *Canna*". Idêntica divulgação da *Pinga* nas Províncias do sul, vocábulo português ligado ao vinho: "Boa pinga, esse Colares!" Durante o séc. XIX havia atenção ao uso dos termos *Cachaça* e *Cana*, conforme a origem.

O tenente-general Visconde Beaurepaire-Rohan distinguia a aguardente-de-cana, ou caninha, da cachaça, segundo o elemento destilado: "*Cachaça*, s.f. aguardente feita com o mel ou borras do melaço, diferente da que fabricam com o caldo da cana, à qual chamam aguardente de cana ou caninha" (*Dicionário de Vocábulos Brasileiros*, Rio de Janeiro, 1889).

Maximiliano, príncipe de Wied-Neuwied, estudava no final do segundo tomo da sua *Reisenach Brasilien* (Frankfurt a. M, 1821) a técnica de colecionar répteis, conservando-os em álcool: "Só em poucos lugares é que se pode encontrar aguardente pura e forte, em todos os lugares habitados só há de má qualidade. A comumente chamada *agua-ardente de cana* é muito fraca; precisa ser frequentemente renovada nos bocais em que se guardarem répteis, que, sem essa precaução, não ficariam conservados. *A água-ardente forte, a que os brasileiros chamam 'cachassa' é muito mais útil nesses casos*".

Desapareceu essa especificação vocabular.

11. CORAGEM

Há uma tradição de que a cachaça misturada com pólvora provoca a coragem. Fora estímulo belicoso nas guerras do Império.

O poeta pernambucano Ascenso Ferreira, no poema "Branquinha" (1939), recordou:

> Contam os veteranos do Paraguay
> que rasgavam no dente o cartucho,
> misturavam pólvora com aguardente,
> passavam a mistura no bucho
> e depois iam brigar...

Meu pai, antigo oficial do Batalhão de Segurança, dizia-me haver essa fama entre as "praças", mas nunca vira beber. Comandara patrulhas no sertão, perseguindo cangaceiros, oportunidade para aplicar-se o incentivo. O capitão honorário do Exército Joaquim Freire informava-me que a mistura era comumente ingerida durante a fase tumultuosa do governo do marechal Floriano Peixoto (1891-1894), no Rio de Janeiro, e onde houvesse luta, notadamente nos combates na revolta da Armada. E que a mistela datava da guerra do Paraguai ou mesmo Cisplatina. O major Antônio Augusto de Athaide (1855-1935) confirmava o uso da cachaça com pólvora na campanha de Canudos (1897). O general João da Fonseca Varela (1850-1931), veterano do Paraguai, vira muitas vezes preparar e beber, antes da batalha. Era mais comum na tropa de infantaria. Os lanceiros do general Osório gostavam desse excitante.

Desde o séc. XVII divulgara-se pela Europa, ao correr da "Guerra dos Trinta Anos", o costume dos lansquenetes de Wallenstein e dos mosqueteiros de Tilly beberem vinho com pólvora, alarde disfarçador da carência alimentar. Em novembro de 1640, a nau em que viajava para o Brasil Joan Nieuhof foi atacada por dois corsários turcos: "Pude, então, observar que o navio maior havia recebido um tiro em cheio, à meia-nau, que o obrigara a se manter a distância, a fim de poder reparar as avarias. Isso me deu certa folga, que aproveitei para levantar o ânimo da tripulação não só verbalmente mas, também, com *boa dose de vinho a que os marujos misturavam pólvora*. Fiz o mesmo para os estimular" (*Memorável Viagem Marítima e Terrestre ao Brasil*, 3).

Não encontro registro nos minuciosos cronistas da guerra contra o holandês (1645-1654). Divulgar-se-ia posteriormente. A cachaça substituira o vinho.

12. BAILE

Mello Moraes Filho (*Serenatas e Saraus*, I, Rio de Janeiro, 1902) divulgou o *Baile da Aguardente*, pequenino Auto participando dos *Bailes Pastoris*, cantados e dançados diante dos Presépios no ciclo do Natal. A cachaça atingira o mais alto nível na valorização popular motivando um folguedo cênico dedicado às intenções sentimentais de romarias em louvor do *Deus Menino*.

Um *Guia*, espécie de zagal, sentencioso e faceto, e quatro *Pastoras*, vivem o breve enredo, girando ao derredor do consumo da *girimpana*, do *codório*, irresistíveis. A aguardente já possui sinônimo de *Caiana*, denunciando elaboração posterior a 1810, quando chegaram ao Rio de Janeiro as primeiras mudas da cana-de-açúcar da *Cayenne*, capital da Guiana Francesa, então domínio português. Era chamada *cana de Bourbon*, denominando no Brasil a aguardente com ela obtida, no início do apelido:

> Eu quero beber
> Bebida humana,
> Pois está em uso
> A bela Caiana!

Girimpana, possível deturpação patusca da *Jerebita*, desapareceu no vocabulário cachaceiro. *Codório*, porção de líquido ingerível rapidamente, ainda resiste. João Ribeiro dava-lhe origem do latim de Missa, impiamente utilizado: *Quod ore sumpsimus*.

A simples ingenuidade do tema indica sua antiguidade, suficiente para atrair e distrair um auditório de pouca exigência literária. Era impressionante a permanência da sugestão poderosa, num indiscutível provocamento do *Baile da Aguardente*, apresentado em público no festivo dezembro sob a égide e homenagem ao nascimento de Cristo.

13. O BAILE DA AGUARDENTE

Sai o Guia, cantando:

>Que prados tão florescentes
>Neste dia de prazer!
>Vinde já, oh! Camponeses,
>A Jesus louvor render.

Volta.

>Eu quero beber
>Bebida humana,
>Pois está em uso
>A bela Caiana!

Fala o Guia:

>Não se deve escurecer,
>Nem se deve mais negar,
>Que este modo de beber
>Está pela gente boa:
>Bem é que a minha pessoa
>Também entre no louvado,
>Se os mais não têm gostado,
>Faço o que meu gosto pede,
>Nem todo aquele que bebe,
>Se pode chamar chumbado.

Saem duas Pastoras, cantando:

> Não se encontra uma choupana,
> Para a gente conviver,
> N'estes desertos não há
> Que comer, nem que beber.

Volta.

> Se aqui encontrarmos
> Alguma bebida,
> Iremos contentes
> Da nossa vida.

Fala a primeira Pastora para o Guia:

> Você com esta garrafa
> N'este caminho entretido,
> Deixa ver se leva dentro
> Algum codório sortido.

Segunda Pastora:

> Senhor, deixe ver a prova
> Desta bebida excelente;
> Suando, não bebo vinho,
> O melhor é aguardente.

Guia:

> Não duvido de lhe dar,
> Mas quero beber primeiro:
> Não posso vender fiado,
> Pois custou o meu dinheiro.

O Guia bebe e diz:

> Lá vai a prova.

Primeira Pastora, bebendo:

> Oh! que bebida tão santa!

Segunda Pastora, bebendo:

> É gostosa a gerimpana.

O Guia recebe a garrafa e diz:

> É forte a minha caiana.

Saem duas Pastoras, cantando:

> Nossas maninhas já foram,
> Que nos serviram de guia,
> Vamos ver se encontramos
> Para nossa companhia.

Volta.

> Nós agora, manas,
> Vamos tão suadas,
> Pois há muitos dias
> Não bebemos nada.

Fala a terceira Pastora:

> Agora sim, minha mana,
> Tenho a viagem vencida;
> Pergunte àquele senhor
> Se vende alguma bebida.

Segunda Pastora:

> Ora veja, minha mana,
> Já lhe tenho perguntado,
> Ele, pois, me respondeu
> Que nada vende fiado.

Guia:

> Olhem, moças, como bebem,
> Ponderem o tempo presente,
> Não bebam demasiado,
> A caiana mata a gente.

O Guia dá aguardente à terceira e quarta Pastoras.

Terceira Pastora, depois de beber:

> Olhe, mana, é muito boa.

Quarta Pastora, depois de beber:

> É gostosa, é excelente.

Guia:

> Queria Deus n'estes caminhos
> Vocês não fiquem conviventes.

Canta o Guia:

> Esta aguardente
> É nossos pecados,
> Em bebendo os homens
> Ficam descarados.

(Repetem todos o mesmo.)

Cantam as quatro Pastoras:

> Quem n'esta era
> Não bebe aguardente,
> Não tem bom gosto,
> Não é convivente.

(Repetem todos o mesmo.)

Canta o Guia:

> A bela caiana
> Sempre aplaudida
> Para as gentes boas
> É santa bebida.

(Repetem todos o mesmo.)

Cantam as Pastoras:

> Quem n'esta era
> Não bebe aguardente,
> Não tem bom gosto,
> Não é convivente.

(Repetem todos o mesmo e ficam todos bêbados.)

Todas as Pastoras:

> Você, senhor convivente,
> Não sabemos seu destino;
> Você vai para Belém
> Adorar o Deus Menino!

Guia:

> Vejam como estão vocês
> Da caiana tão tomadas:
> Vocês não veem o presepe;
> Como estão embriagadas!

Todas as Pastoras:

> Já que chegamos a ver
> Nascido o Infante Messias,
> Demos graças e louvores
> Com prazer e alegria.
> A saúde deste gosto
> Bebamos mais aguardente,
> Para já de uma vez
> Ficarmos mui conviventes.

Guia:

> Deixemos de brincadeiras,
> Vocês já estão chupadas;
> Não bebam mais a caiana,
> Sinão ficam descaradas.

Todas as Pastoras:

> Está bem, vamos agora
> Ao Sol Divino adorar;
> Deixemos, pois, a caiana,
> Para em casa se chupar.

Todos:

> Agora sim, satisfeitos,
> Com firme amor e contento,

Adoremos muito humildes
O Sagrado Nascimento.

Loa do Guia:

Meu Menino, tomai conta
Deste pastorzinho chupado,
Depois que a Belém chegou
Não se lembra mais de nada.

Loa da primeira a segunda Pastoras:

Meu Menino pequenino,
Eu estou muito melada;
Mas, com Vossa alta presença,
Não me lembro mais de nada.

Loa da primeira e segunda Pastoras:

Eu não deixo de estar
Com a cabeça mui pesada,
Mas, a vista do que vejo,
Não me lembro mais de nada.

Canta o Guia:

Louvores, aplausos,
Ao Deus Menino,
Humildes rendemos,
Que é o Sol Divino.
Lindas cantilenas,
Amor casto e fino,
Amantes rendemos
Ao Deus Menino.

14. CANA-CAÏANA

A *Cana-Caiana* é a única *Saccharum officinarum* a denominar aguardente, ingressando na rica sinonímia da cachaça.

Batizou um livro de poemas de Ascenso Ferreira (*Cana-Caiana*, Recife, 1939), onde reaparece um ditirambo popular:

> Suco de cana-caiana
> Passado nos alambique,
> Pode sê qui prejudique
> Mas bebo toda sumana.

As primeiras mudas vieram de *Cayenne*, capital da Guiana Francesa, então domínio de Portugal, chegando ao Rio de Janeiro, em maio ou junho de 1810, deduzindo-se do registro do Padre Perereca (Cônego Luís Gonçalves dos Santos (1767-1844), *Memórias para Servir à História do Reino do Brasil*): "Sim, também desta colônia francesa, presentemente sujeita ao domínio do Príncipe Regente Nosso Senhor, foi remetida para esta Corte, pelo brigadeiro Manoel Marques, governador da mesma colônia, uma preciosa coleção de plantas especieiras, e frutíferas, extraídas do célebre jardim chamado Gabriela, onde os franceses as cultivavam com todo o desvelo e ciúme. Muitas destas plantas ficaram no Pará, outras em Pernambuco, e grande número delas chegou a este porto do Rio de Janeiro, carregadas a bordo do brigue 'Vulcano', do comando do capitão-tenente Joaquim Epifânio de Vasconcelos, e logo foram remetidas para o real jardim da lagoa de Freitas, para ali se cultivarem. Juntamente com esta remessa de plantas vieram canas sacarinas da mesma *Caiena*, as quais pela sua enorme grandeza e grossura, se fazem apreciáveis, prometem grandes vantagens à cultura, e fabrico do açúcar, e muito maiores ainda para a destilação das águas-ardentes, visto serem as ditas canas muito suculentas".

Em 1768 o navegador Bougainville encontrara-as na Ilha de Taiti, vindas da Índia ou mais provavelmente da Polinésia, origem do povoamento insular.[1] Trouxera sementes para as ilhas Maurício, ("de France") e Bourbon ("Reunion"), de onde as recebeu a possessão francesa vizinha ao Brasil, dizendo-as "Canan de Bourbon". Divulgaram-se em Cayenne, sede de maior concentração canavieira, inicialmente utilizada na fabricação das tafiás, determinando alto número de *Rhuberies*, antes que produzissem o açúcar, segundo a informação de Augusto de Saint-Hilaire. O açúcar nunca atingiu nível suficiente ao consumo local ainda em 1960.

A tafiá é aguardente do mel.

Em 1810, é a data histórica, vencendo os 5.000 quilômetros de distância, a Cana Caiana veio reinar no Brasil. Cito "data histórica" porque há a tradição de d. Francisco de Sousa Coutinho, entre 1790-1793, havê-la introduzido no Pará, tendo-a, bem pouco provável, da Guiana Francesa, alcançando Pernambuco e mesmo a Bahia.

Os naturalistas viajantes no quinquênio 1815-1820 deparam a Cana-Caiana dos engenhos fluminenses (Wied-Neuwied) aos pernambucanos (Henry Koster). Escreveu este: "Sua superioridade é tão evidente que, depois de rápido ensaio em cada propriedade, substituiu a pequena cana-de-açúcar, geralmente plantada" (*Viagem ao Nordeste do Brasil*, XVI). Wied-Neuwied equivoca-se: "Cultivavam a princípio a cana da Caiena; tornando-se, porém, conhecida a do Taiti e revelando-se esta muito mais produtiva, substituiu quase completamente aquela" (*Viagem ao Brasil*, III). Era a mesma. Competira e

---

[1] Samuel Wallis, o descobridor do Taiti, encontrara em 1766 cana-de-açúcar, coqueiros, bananeiras, inhame, fruta-pão, na ilha. Commerson, o naturalista da expedição Bougainville, dois anos depois, afirmara serem produtos da flora da Índia. Todas essas plantas estavam disseminadas por quase todas as ilhas dos mares do Sul, de uso tradicional e antiquíssimo por toda a Polinésia, povoadora do Taiti. Exceto a fruta-pão (*Artocarpus incisa*, Linneu, vindo em 1810), as demais estavam aclimatadas no Brasil desde a segunda metade do séc. XVI.

vencera a velha *Cana Criola* inicial, vinda da Ilha da Madeira que a recebera da Sicília, plantada pelos mouros, e fundara a indústria açucareira no Brasil. A Cana-Caiana resistia mais à falta de chuvas, adaptando-se aos terrenos secos, embora o maior teor sacarino fosse acentuado na maturação.

O Prof. Renato Braga (*Plantas do Nordeste*, 118) esclarece: "Tanto a 'Caiana', como outras variedades posteriormente introduzidas: 'Preta', 'Roxa', 'Bambu' ou 'Salangor', 'Cavangire', 'Imperial', de Pernambuco, 'Amarela', 'Fita' ou 'Listrada', 'Rajada', 'Rósea', etc., foram quase totalmente substituídas, a partir de 1930, pelas variedades javanesas e outras canas híbridas, além de mais produtivas, resistentes ou tolerantes ao 'mosaico'".

Essas variedades soavam no ritmo aceso das "emboladas" pelos cambiteiros dos engenhos nordestinos:

>Cana-Caiana, Cana-Roxa, Cana Fita,
>Cada qual a mais bonita,
>Todas boa de chupá!
>A Cana Preta, Amarela, Pernambuco,
>Quero vê desce o suco
>Na pancada do ganzá!

15. ETIQUETA

As classes sociais têm suas bebidas privativas, características, reservadas aos membros da comunidade, quase representativas no plano da legitimidade funcional. São moralmente intransferíveis dentro do complexo tradicional. Sugerem ambiente, indumentária, maneira. Champanhe, os vinhos fidalgos pela antiguidade do renome, certos conhaques, são de degustação inconcebível sem o cenário indispensável e convergente. Têm sua hora de aplauso e cadência de aceitação. Participam dos atos simbólicos no processo das relações humanas. Um exemplo é a subalternidade da cerveja, não obstante os milênios de utilização consumidora. No Brasil, a cerveja conseguiu instalar-se nas reuniões domésticas, nas festas familiares, na primeira década deste séc. XX. Antes, bebiam-na fora de casa. Não constituía reserva prudente, como uma champanhe ou porto-velho, no silêncio das dispensas modestas mas sabedoras do protocolo. Os *Manuais de Cozinheiro*, anteriores a 1900, prescreviam sua exclusão peremptória no rol das refeições festivas, mesmo íntimas. Pode figurar nos jantares sem formalidade mas não consta a sua presença num banquete oficial. Ninguém concebe cerveja numa recepção diplomática.

A cachaça, nascida possivelmente no séc. XV, sem nobreza, acesso palaciano, intimidade com gênios literários e musicais, teve seu ingresso vedado pela etiqueta às residências de espavento e bares de "Grande Hotel", *recomendado ao turismo*. Ninguém imagina uma *cachaça de honra...*

Carece de *rang*, precedência, gabarito. Fama, ancianidade evocacional, prestígio das imagens associadas às glórias, valores, orgulhos coletivos, não pertencem ao seu patrimônio. Não vem a ser um

Angoulême, um Vieux-Armanac, um Carlos I, Napoléon, Old Scoth, a simples Kirschwasser jubilosa, a banal Schnaps, o Brandy, quase a história da Inglaterra no *rush* geográfico, aguardentes com almanaque de Gotha. Ausência do poder denominador, nome mágico, sugerindo a dimensão irrecusável no plano cerimonial da reverência. Vodca dos grãos-duques e de Stalin. Absinto de Verlaine. Whisky de Winston Churchill. Licores do romantismo feminino. Vinho da Madeira, ressuscitando a sonoridade parnasiana. Conhaque dominador, sustentáculo e motor da *consolidação republicana* no Brasil, até a presidência Campos Sales. Ânimo da propaganda e obstinação da República em Portugal. *Não há revolução sem conhaque*, afirmava o senador Pedro Velho. Vermute de *gente bem* nos finais do séc. XIX, aperitivo em bandeja de xarão, jantar de meia-gala, mesureiro e risonho, tempo do imperador D. Pedro II no Brasil, dos derradeiros Braganças em Portugal. Qualquer vinho europeu, dos "grandes" de primeira classe, têm uma história, um armorial, uma vaidade. A cachaça só pode contar anedotas de embriaguês banal, nauseada e sem voo.

Conta-nos Júlio Camba, espanhol bem superior ao clássico Brillat-Savarin, da existência do *trou normand*, constando de *uma tregua que se estabelece a mitad de la comida para beber aguardiente*. Podre de chique... Bebe-se então *un fine normand*, um *fine calvados*, cachaças promovidas ao posto de conhaque graças à grandeza irradiante dos consumidores. Crédito. Acreditar não ser decesso servir-se dela.

Ricardo Palma, nas *Tradiciones Esperuanas* (Buenos Aires, 1942), narra explicação aproveitável, valorizadora do *aguardiente*, não alcançando enobrecer a cachaça. "Como iba diciendo, en los tiempos de Cerezo era la aceituna inseparable compañera de la copa de aguardiente; y todo buen peruano hacía ascos a la cerveza, que para amarguras bastábanle las proprias. De ahi la franse que se usaba en los dias de San Martin y Bolívar para tomar laâs *Once* (hoy se dise *Lunch* en gringo): – Señores, vamos a remojar una aceitunita. – Y por que? – perguntará alguno – llamaban los antiguos las *Once*, al acto de echar después del mediodia, un remiendo al estómago? Por que?

Once las letras son del aguardiente,
Ya lo sabe el curioso impertinente.

No Brasil, a cachaça também significa predileção, uso fiel, costume, norma, vício, hábito, mania. No Peru vale obstinação, birra, teima (Ricardo Palma, *Las Mejores Tradiciones Peruanas*, Barcelona, 1917).

Suficiente, para documento, um trecho de discurso de Rui Barbosa, em 11 de novembro de 1914, no Senado Federal, presidido pelo general Pinheiro Machado: "Todos os membros desta Casa, a começar por V. Exa., Senhor Presidente, *cuja cachaça nesse assunto é conhecida*, têm provavelmente, como eu, o vício natural e vespertino da leitura dos nossos jornais" (*Tribuna Parlamentar*, III, Rio de Janeiro, 1955).

A cachaça poderá lembrar um contemporâneo de Sá de Miranda, o desembargador Antônio Ferreira, e dizer:

Eu desta glória só fico contente...

16. Interlúdio do Fumo

P'ra começo de conversa,
Eu preciso declarar;
Que não fumo sem beber
E nem bebo sem fumar.

Nesse prelúdio preciso destinar algumas notas a um motivo correlato e convergente.

O Brasil foi, mais de duzentos anos, *Suiker-Land*, a terra do açúcar. Afastado o Pau-brasil, o açúcar assenhoreou-se de todas as atividades econômicas. *O Brasil é o açúcar*, disse o Padre Antônio Vieira. Trouxe o escravo africano e atraiu o holandês, vinte e quatro anos governando o Nordeste (*Geografia do Brasil Holandês*, Rio de Janeiro, 1956). A cachaça nasceu da indústria do açúcar, bastarda e clandestina, merecendo depois proclamação de legitimidade *per rescriptum principis*. Tornou-se bebida nacional, determinando uma literatura oral de impressionante vitalidade.

Outro grande centro industrial do açúcar, a Ilha de Cuba, teve sua bebida, o rum, vulgar mas subalterno e sem projeção na imaginativa popular e marcadamente literária. *El ron no influyó en las directrices de la economia social de Cuba más que las madeiras de corazón, las corambres, los mariscos y otros productos secundarios*, escreveu Fernando Ortiz (*Contrapunteo Cubano del Tabaco y el Azúcar*, ed. de 1963). Constituiu categoria inferior, tão diversa da prestigiosa cachaça brasileira.

Lembro que o Tabaco, soberano em Cuba, também abundante e nativo no Brasil, não alcançou, entre nós, maiores áreas de influência cultural. Indispensável na vida brasileira, não provocou um folclore movimentado e documentador. Sua literatura é pobre e mínima. O Instituto Joaquim Nabuco publicou, sem nome de autor, uma excelente *História em Rótulos de Cigarros* ("Litografia no antigo Recife", 1965, pesquisa de Mauro Mota), onde, excepcionalmente, há rica informação popular. A tradição do Tabaco, secularmente social, ainda não interessou os nossos etnógrafos. Mais feliz foi o *Café*, hóspede naturalizado e dominador, já possuindo razoável e sólida bibliografia. E data de 1725.

É surpreendente o Tabaco, compadre e mano da cachaça, não acompanhá-la na viagem folclórica, sendo-lhe anterior em uso e abuso, indígena, português e negro.

Quem bebe, fuma...

No Brasil dizemos *fumo* e não *tabaco*. O clássico Damião de Góes, há quatrocentos anos, escrevia: *A erva que chamamos do Fumo* (*Crônica de D. Manoel*, cap. 56, Lisboa, 1566-1567). Tabaco é o rapé. *Tabaco é fumo pisado,* definia Gregório de Matos nos finais do séc. XVII. Em tupi, *peticuí, petingui, pitimacuri,* no tupi amazônico, segundo Stradelli, pó-de-tabaco. Rapé é o francês *rapê*, o tabaco raspado, *tabac à priser.* Tomar rapé era *tabaquear.* "Vamos tabaquear o caso!..." Convite para sorver o *torrado*, outro cognome do rapé.

A *Nicotina tabacum, petim, petun, pituna, petume*, foi conhecida e amada desde os primeiros anos do povoamento. Os indígenas, notadamente os tupis, não a dispensavam, anotada pelos cronistas, tornada vício deleitoso pelo europeu e o escravo: *bittin* (Hans Staden, 1548), *petun* (André Thevet, 1555), *petun* (Jean de Léry, 1557), *petigma* (padre Fernão Cardim, 1583), *petume* (Gabriel Soares de Souza, 1587). O padre Manoel da Nóbrega descreve-a com gabos, em janeiro de 1550: "Todas as comidas são muito difíceis de desgastar mas Deus remediou a isto com uma erva, cujo fumo ajuda à digestão e a outros males corporais e a purgar a fleuma do estômago". O cronista Damião de Góes, guarda-mor do Real Arquivo, escrevia em Lisboa, tratando das ervas brasileiras: "E a que chamamos do *Fumo* e eu chamaria Erva Santa". Registra *betun*, informando ter sido levada a Portugal por Luís de Góes, 1542 ou 1548. André Thevet mandou-a à França e foi o primeiro a descrevê-la mas Jean Nicot de Villemain, *ambassadeur de France en Portugal,* rapinou a fama, dando nome à *nicotiana*, na classificação de Linneu.

Os portugueses revelaram o cachimbo indígena aos espanhóis. Antes do português no Brasil nenhum europeu fumou cachimbo no séc. XVI. O cachimbo tupi era o *petimbuáb*, dando *pitinguá* e *petibáu*. "Canguera" ou "cangoeira", de *acang,* osso, era o cachimbo tubular, por semelhar o osso longo e oco.

Um sinônimo popular de fumar é *pitar*, do verbo *pitéra*, chupar. Decorrentemente, *Pito* é cachimbo e *Piteira*, por onde se fuma ou chupa o *tabaco*. Os tupis espalharam-se desde o istmo do Panamá, descendo para o sul. Em suas zonas de percurso geográfico é natural o encontro dos vestígios vocabulares. *Pitar* ficou pela linguagem espanhola da América insular e continental, como se ouve no Brasil.

Jorge Marcgrave (Cap. VIII) fixou os processos do fumador indígena entre 1638 e 1644. Não seria diverso do habitual, dois séculos antes.

"Com frequência os habitantes do Brasil fazem uso do tabaco a que denominam *Petima* e suas folhas *Petimaoba*. Põem as folhas secas no fogo; trituram-nas com as mãos e colocam o pó nos instrumentos feitos da casca do fruto chamado Pindoba (*Attalea compta*, Mart.) ou Vrucuruíba ('a palmeira *Attalea excelsa*, Mart.') ou Ioçara ou Aque ('a palmeira Juçara, *Euterpe edulis*, Mart.') etc. Cortam uma ponta; extraem o núcleo e torneiam a casca; depois de feito um furo ao lado aplicam um tubozinho de madeira. Este utensílio é chamado *Petimbuaba* (por corrupção da palavra os portugueses o denominam *Catimbaba*, os belgas, pior ainda, *Katgenbow*). Fazem uso também de tubozinhos de argila cozida como os que vêm da Europa, os quais denominam *Amrupetimbuaba*. Os tapuias usam tubos retos, largos, de madeira ou de argila, tão amplos que podem conter uma inteira mão de tabaco; chupam o fumo deste tubo cheio de tabaco aceso.

O padre Cardim dedica uma página, salientando o *grande mimo e regalo* com que amerabas e portugueses "fazem com uma folha de palma uma *canguera*, que fica como canudo de cana cheio desta erva, e pondo-lhe o fogo na ponta metem o mais grosso na boca, e assim estão chupando e bebendo aquele fumo".

Por toda América espanhola e Brasil era natural dizer-se *beber fumo*, porque a fumaça era deglutida.

    Sinh'Aninha bebe fumo
    No seu caminho de prata...

Fumar, no idioma tupi, é *U-Pitima*. *U* é o verbo beber e *petima* é o tabaco. *Petimbu,* no tupi mais vulgar.

Por toda Angola dizia-se semelhantemente, surpreendendo a Héli Chatelain: *It seems difficult to conceive how tobacco can be a drink. But in Kimbundo instead of saying "to smoke tobacco" one says "to drink tobacco". Smoke is classified with the liquids.* Em quimbundo – *Nua* é beber. *Nua-makanha* é "beber" a *dikanha*, maconha; *Cannabis sativa*, Linneu. Reforçava o critério tupi do *U-Pitima,* beber-fumo. Passou para o espanhol e para o português (*Made in Africa*, 177, Rio de Janeiro, 1965).

O imperador D. Pedro II visitando a cachoeira de Paulo Afonso, outubro de 1859, anotou entre os costume do baixo São Francisco: "As mulheres aqui fumão quase todas cigarros, charuto ou cachimbo, vendo cachimbar, que chamão aqui *Beber Cachimbo*, a uma de 90 anos ou mais talvez, no Traipu descobriu um charuto na mão d'um rapaz que tem 13 para 14 anos".

Devia ter sido assombro para o Imperador que não suportava cheiro de tabaco, farejando-o como a um veneno, informava Múcio Teixeira.

No séc. XVI havia o *beber os ventos*, imagem literária que em Portugal veio aos meados do séc. XX, valendo interesse amoroso, devotamento enamorado, como empregara Luís de Camões:

> Uma faz-me juramentos
> que só meu amor estima;
> a outra diz que se fina;
> Joana, que *bebe os ventos.*

Fumar, como beber álcool, era um *rite de passage,* proclamação de maioridade e atestado de fase viril. *Já fuma...* valia reconhecimento do estado adulto. Constatava-se da experiência pessoal no plano da convivência vulgar, ouvindo-se a afirmativa: *até bebe cachaça...* A confidência da primeira embriaguez envaidecia o evocador, demonstrando haver ingressado *no mundo.* Não podia mais haver reservas e segredos depois dessa iniciação, às vezes nauseada. Acontecia, como sublimação de recalque, ser o charuto inversamente proporcional à idade e estatura do fumador.

Resisto à sedução de examinar o binômio *Fumo-e-Álcool* como fórmula feminina de emancipação moral e mental em nível social mais elevado, outrora fechado à pública exibição desses dois vícios. O cigarro sucessivo e o whisky constante valem sinal de trânsito aberto através da circulação humana. Fuga ao cotidiano opressor, decepcionante ou monótono. *A thing wherein we feel there is some hidden want*, "coisas em que a alma sente uma carência oculta", poetava Shelley.

17. SAÍDEIRA

Honi Soit Qui Mal y Pense.
Moto da Ordem da Jarreteira, 1348.

Esse *Prelúdio da Cachaça* em sua redação inicial, um terço do existente, divulgou-se na *Revista de Etnografia*, vol. VI, tomo 1, janeiro de 1966, órgão do Museu de Etnografia e História, de que era diretor o Sr. Fernando de Castro Pires de Lima, na cidade do Porto em Portugal.

De leitores da Revista e separatas distribuídas recebi as sugestões mais tentadoras e calorosas para a ampliação da pesquisa, não apenas no ângulo folclórico mas sociológico, etnográfico, histórico do assunto. A humildade rústica do motivo, pela vulgaridade cotidiana, constituía "presença" inegável não somente na literatura oral mas elemento de influência e modificação de culturas tradicionais entre povos remotos e terras distantes.

Na sequência de sua popularidade, é citação em Sá de Miranda na segunda metade do séc. XVI, imagem na eloquência de Rui Barbosa, na primeira metade do séc. XX. Quatrocentos anos de valorização literária, medindo-se entre os dois mestres do idioma, numa extensão de quatro séculos.

Não fiz a História mas a jornada da cachaça no tempo, ignorada de Gil Vicente e de Miguel Cervantes Saavedra, possuidores da linguagem em Portugal e Espanha. Não a deparei nos Romanceiros e Cancioneiros velhos, novelas picarescas ou nas vivas páginas dos Arciprestes, de Hita e Talavera. Nem nos inesquecíveis serões nos solares amigos da Galícia, Minho e Beira. Nas cidades e nas granjas. Existirá em Portugal como El-Rei D. Sebastião, inlocalizável e vivo.

Constata-se que a banalização da cachaça foi o segredo-motor de sua sobrevivência. Ficou com o povo, não mais numa quinta fidalga do Minho, e essa força obscura garantiu-lhe a contemporaneidade funcional. Não lhe estudei o complexo folclore, as aplicações da terapêutica supersticiosa, os ritos da consumação plebeia.

Fiz unicamente o leve diagrama do seu percurso secular.

Pelo Nordeste brasileiro, a *Saideira* é o derradeiro gole, o último copo, o brinde terminal da despedida jubilosa.

Essa é a *Saideira,* amigos!

Cidade do Natal,
RN, Brasil,
maio de 1967.

BIBLIOGRAFIA DE LUÍS DA CÂMARA CASCUDO

LIVROS

DÉCADA DE 1920

Alma patrícia. (Crítica literária)
    Natal: Atelier Typ. M. Victorino, 1921. 189p.
    Edição atual – 2. ed. Mossoró: ESAM, 1991. Coleção Mossoroense, série C, v. 743. 189p.

Histórias que o tempo leva... (Da História do Rio Grande do Norte)
    São Paulo: Monteiro Lobato & Co., 1924. 236p.
    Edição atual – Mossoró: ESAM, 1991. Coleção Mossoroense, série C, v. 757. 236p.

Joio. (Páginas de literatura e crítica)
    Natal: Off. Graf. d'A Imprensa, 1924. 176p.
    Edição atual – 2. ed. Mossoró: ESAM, 1991. Coleção Mossoroense, série C, v. 749. 176p.

López do Paraguay.
    Natal: Typ. d'A República, 1927. 114p.
    Edição atual – 2. ed. Mossoró: ESAM, 1995. Coleção Mossoroense, série C, v. 855. 114p.

DÉCADA DE 1930

O homem americano e seus temas. (Tentativa de síntese)
    Natal: Imprensa Oficial, 1933. 71p.
    Edição atual – 2. ed. Mossoró: ESAM, 1992. 71p.

O Conde d'Eu.
    São Paulo: Companhia Editora Nacional, 1933. Brasiliana, 11. 166p.

Viajando o sertão.
Natal: Imprensa Oficial, 1934. 52p.
Edição atual – 4. ed. São Paulo: Global, 2009. 102p.

Em memória de Stradelli (1852-1926).
Manaus: Livraria Clássica, 1936. 115p.
Edição atual – 3. ed. revista. Manaus: Editora Valer e Governo do Estado do Amazonas, 2001. 132p.

O Doutor Barata – político, democrata e jornalista.
Bahia: Imprensa Oficial do Estado, 1938. 68p.

O Marquês de Olinda e seu tempo (1793-1870).
São Paulo: Editora Nacional, 1938. Brasiliana, 107. 348p.

Governo do Rio Grande do Norte. (Cronologia dos capitães-mores, presidentes provinciais, governadores republicanos e interventores federais, de 1897 a 1939)
Natal: Livraria Cosmopolita, 1939. 234p.
Edição atual – Mossoró: ESAM, 1989. Coleção Mossoroense, série C, v. DXXVI.

Vaqueiros e cantadores. (Folclore poético do sertão de Pernambuco, Paraíba, Rio Grande do Norte e Ceará)
Porto Alegre: Globo, 1939. Biblioteca de investigação e cultura. 274p.
Edição atual – São Paulo: Global, 2005. 357p.

DÉCADA DE 1940

Informação de História e Etnografia.
Recife: Of. de Renda, Priori & Cia., 1940. 211p.
Edição atual – Mossoró: ESAM, 1991. Coleção Mossoroense, série C, v. I-II. 211p.

Antologia do folclore brasileiro.
São Paulo: Livraria Martins, 1944. 2v. 502p.
Edição atual – 9. ed. São Paulo: Global, 2004. v. 1. 323p.
Edição atual – 6. ed. São Paulo: Global, 2004. v. 2. 333p.

Os melhores contos populares de Portugal. Seleção e estudo.
Rio de Janeiro: Dois Mundos Editora, 1944. Coleção Clássicos e Contemporâneos, 16. 277p.

Lendas Brasileiras. (21 Histórias criadas pela imaginação de nosso povo)
  Rio de Janeiro: Leo Jerônimo Schidrowitz, 1945. Confraria dos Bibliófilos Brasileiros Cattleya Alba. 89p.
  Edição atual – 9. ed. São Paulo: Global, 2005. 168p.

Contos tradicionais do Brasil. (Confronto e notas)
  Rio de Janeiro: Americ-Edit, 1946. Col. Joaquim Nabuco, 8. 405p.
  Edição atual – 13. ed. São Paulo: Global, 2004. 318p.

Geografia dos mitos brasileiros.
  Rio de Janeiro: Livraria José Olympio Editora, 1947. Coleção Documentos Brasileiros, v. 52. 467p.
  Edição atual – 5. ed. São Paulo: Global, 2022. 396p.

História da Cidade do Natal.
  Natal: Edição da Prefeitura Municipal, 1947. 411p.
  Edição atual – 4. ed. Natal, RN: EDUFRN, 2010. 692p. Coleção História Potiguar.

O homem de espanto.
  Natal: Galhardo, 1947. 204p.

Os holandeses no Rio Grande do Norte.
  Natal: Editora do Departamento de Educação, 1949. 72p.

Década de 1950

Anúbis e outros ensaios: mitologia e folclore.
  Rio de Janeiro: Edições O Cruzeiro, 1951. 281p.
  Edição atual – 2. ed. Rio de Janeiro: FUNARTE/INF: Achiamé; Natal: UFRN, 1983. 224p.

Meleagro: depoimento e pesquisa sobre a magia branca no Brasil.
  Rio de Janeiro: Livraria Agir Editora, 1951. 196p.
  Edição atual – 2. ed. Rio de Janeiro: Livraria Agir Editora, 1978. 208p.

História da Imperatriz Porcina. (Crônica de uma novela do século XVI, popular em Portugal e Brasil)
  Lisboa: Edições de Álvaro Pinto, Revista Ocidente, 1952. 83p.

Literatura Oral no Brasil.
Rio de Janeiro: José Olympio Editora, 1952. Coleção Documentos Brasileiros, v. 6 da História da Literatura Brasileira. 465p.
Edição Atual – 2. ed. São Paulo: Global, 2006. 480p.

Em Sergipe d'El Rey.
Aracaju: Edição do Movimento Cultural de Sergipe, 1953. 106p.

Cinco livros do povo: introdução ao estudo da novelística no Brasil.
Rio de Janeiro: José Olympio Editora, 1953. Coleção Documentos Brasileiros, v. 72. 449p.
Edição Atual – 3. ed. (Fac-similada). João Pessoa: Editora Universitária UFPB, 1994. 449p.

Antologia de Pedro Velho de Albuquerque Maranhão.
Natal: Departamento de Imprensa, 1954. 250p.

Dicionário do Folclore Brasileiro.
Rio de Janeiro: Instituto Nacional do Livro, 1954. 660p.
Edição atual – 12. ed. São Paulo: Global, 2012. 756p.

História de um homem: João Severiano da Câmara.
Natal: Departamento de Imprensa, 1954. 138p.

Contos de encantamento.
Salvador: Editora Progresso, 1954. 124p.

Contos exemplares.
Salvador: Editora Progresso, 1954. 91p.

História do Rio Grande do Norte.
Rio de Janeiro: Ministério da Educação e Cultura, Serviço de Documentação, 1955. 524p.
Edição atual – Natal: Fundação José Augusto/Rio de Janeiro: Achiamé, 1984. 529p.

Notas e documentos para a História de Mossoró.
Natal: Departamento de Imprensa, 1955. Coleção Mossoroense, série C, 2.254p.
Edição atual – 5. ed. Mossoró: Fundação Vingt-un Rosado, 2010. 300p. Coleção Mossoroense, série C, v. 1.571.

Notícia histórica do município de Santana do Matos.
   Natal: Departamento de Imprensa, 1955. 139p.

Trinta "estórias" brasileiras.
   Lisboa: Editora Portucalense, 1955. 170p.

Geografia do Brasil holandês.
   Rio de Janeiro: José Olympio Editora, 1956. Coleção Doc. Bras., v. 79. 303p.

Tradições populares da pecuária nordestina.
   Rio de Janeiro: Serviço de Documentação Agrícola, 1956. Brasil. Doc. Vida Rural, 9. 78p.

Vida de Pedro Velho.
   Natal: Departamento de Imprensa, 1956. 140p.
   Edição atual – Natal: EDUFRN – Editora da UFRN, 2008. 170p. Coleção Câmara Cascudo: memória e biografias.

Jangada: uma pesquisa etnográfica.
   Rio de Janeiro: Ministério da Educação e Cultura, Serviço de Documentação, 1957. Coleção Vida Brasileira. 181p.
   Edição atual – 2. ed. São Paulo: Global, 2002. 170p.

Jangadeiros.
   Rio de Janeiro: Serviço de Documentação Agrícola, 1957. Brasil. Doc. Vida Rural, 11. 60p.

Superstições e costumes. (Pesquisas e notas de etnografia brasileira)
   Rio de Janeiro: Antunes, 1958. 260p.

Canto de muro: romance de costumes.
   Rio de Janeiro: José Olympio Editora, 1959. 266p.
   Edição atual – 4. ed. São Paulo: Global, 2006. 230p.

Rede de dormir: uma pesquisa etnográfica.
   Rio de Janeiro: Ministério da Educação e Cultura, Serviço de Documentação, 1959. Coleção Vida Brasileira, 16. 242p.
   Edição atual – 2. ed. São Paulo: Global, 2003. 231p.

Década de 1960

Ateneu norte-rio-grandense: pesquisa e notas para sua história.
   Natal: Imprensa Oficial do Rio Grande do Norte, 1961. Coleção Juvenal Lamartine. 65p.

Vida breve de Auta de Souza, 1876-1901.
Recife: Imprensa Oficial, 1961. 156p.
Edição atual – Natal: EDUFRN – Editora da UFRN, 2008. 196p. Coleção Câmara Cascudo: memória e biografias.

Grande fabulário de Portugal e do Brasil. [Autores: Câmara Cascudo e Vieira de Almeida]
Lisboa: Fólio Edições Artísticas, 1961. 2v.

Dante Alighieri e a tradição popular no Brasil.
Porto Alegre: Pontifícia Universidade Católica do Rio Grande do Sul, 1963. 326p.
Edição atual – 2. ed. Natal: Fundação José Augusto, 1979. 326p.

Motivos da literatura oral da França no Brasil.
Recife: [s.ed.], 1964. 66p.

Dois ensaios de História: A intencionalidade do descobrimento do Brasil. O mais antigo marco de posse.
Natal: Imprensa Universitária do Rio Grande do Norte, 1965. 83p.

História da República no Rio Grande do Norte. Da propaganda à primeira eleição direta para governador.
Rio de Janeiro: Edições do Val, 1965. 306p.

Nosso amigo Castriciano, 1874-1947: reminiscências e notas.
Recife: Imprensa Universitária, 1965. 258p.
Edição atual – Natal: EDUFRN – Editora da UFRN, 2008. Coleção Câmara Cascudo: memória e biografias.

Made in Africa. (Pesquisas e notas)
Rio de Janeiro: Editora Civilização Brasileira, 1965. Perspectivas do Homem, 3. 193p.
Edição atual – 2. ed. São Paulo: Global, 2002. 185p.

Flor de romances trágicos.
Rio de Janeiro: Livraria Editora Cátedra, 1966. 188p.
Edição atual – Natal: Fundação José Augusto/Rio de Janeiro: Cátedra, 1982. 189p.

Voz de Nessus.
João Pessoa: Departamento Cultural da UFPB, 1966. 108p.

Folclore do Brasil. (Pesquisas e notas)
Rio de Janeiro: Fundo de Cultura, 1967. 258p.
Edição atual – 3. ed. São Paulo. Global, 2012. 232p.

Jerônimo Rosado (1861-1930): uma ação brasileira na província.
Rio de Janeiro: Editora Pongetti, 1967. 220p.

Mouros, franceses e judeus (Três presenças no Brasil).
Rio de Janeiro: Editora Letras e Artes, 1967. 154p.
Edição atual – 3. ed. São Paulo: Global, 2001. 111p.

História da alimentação no Brasil.
São Paulo: Companhia Editora Nacional, v. 1, 1967. 396p.; v. 2, 1968. 539p.
Edição atual – 4. ed. São Paulo: Global, 2011. 954p.

Coisas que o povo diz.
Rio de Janeiro: Edições Bloch, 1968. 206p.
Edição atual – 2. ed. São Paulo: Global, 2009. 155p.

Nomes da Terra: história, geografia e toponímia do Rio Grande do Norte.
Natal: Fundação José Augusto, 1968. 321p.
Edição atual – Natal: Sebo Vermelho Edições, 2002. 321p.

O tempo e eu: confidências e proposições.
Natal: Imprensa Universitária, 1968. 338p.
Edição atual – Natal: EDUFRN – Editora da UFRN, 2008. Coleção Câmara Cascudo: memória.

Prelúdio da cachaça. (Etnografia, História e Sociologia da aguardente do Brasil)
Rio de Janeiro: Instituto do Açúcar e do Álcool, 1968. 98p.
Edição atual – 2. ed. São Paulo: Global, 2006. 86p.

Pequeno manual do doente aprendiz: notas e maginações.
Natal: Imprensa Universitária, 1969. 109p.
Edição atual – 3. ed. Natal: EDUFRN, 2010. 108p. Coleção Câmara Cascudo: memória.

A vaquejada nordestina e sua origem.
Recife: Instituto Joaquim Nabuco de Pesquisas Sociais – IJNPS/MEC, 969. 60p.

Década de 1970

Gente viva.
Recife: Universidade Federal de Pernambuco, 1970. 189p.
Edição atual – 2. ed. Natal: EDUFRN, 2010. 222p. Coleção Câmara Cascudo: memória.

Locuções tradicionais do Brasil.
Recife: Editora Universitária, 1970. 237p.
Edição atual – São Paulo: Global, 2004. 332p.

Ensaios de Etnografia Brasileira: pesquisa na cultura popular do Brasil.
Rio de Janeiro: Instituto Nacional do Livro (INL), 1971. 194p.

Na ronda do tempo. (Diário de 1969)
Natal: Universitária, 1971. 168p.
Edição atual – 3. ed. Natal: EDUFRN, 2010. 198p. Coleção Câmara Cascudo: memória.

Sociologia do açúcar: pesquisa e dedução.
Rio de Janeiro: MIC, Serviço de Documentação do Instituto do Açúcar e do Álcool, 1971. Coleção Canavieira, 5. 478p.

Tradição, ciência do povo: pesquisas na cultura popular do Brasil.
São Paulo: Editora Perspectiva, 1971. 195p.

Ontem: maginações e notas de um professor de província.
Natal: Editora Universitária, 1972. 257p.
Edição atual – 3. ed. Natal: EDUFRN, 2010. 254p. Coleção Câmara Cascudo: memória.

Uma história da Assembleia Legislativa do Rio Grande do Norte: conclusões, pesquisas e documentários.
Natal: Fundação José Augusto, 1972. 487p.

Civilização e cultura: pesquisas e notas de etnografia geral.
Rio de Janeiro: José Olympio, 1973. 2v. 741p.
Edição atual – São Paulo: Global, 2004. 726p.

Movimento da Independência no Rio Grande do Norte.
Natal: Fundação José Augusto, 1973. 165p.

Prelúdio e fuga do real.
Natal: Fundação José Augusto, 1974. 384p.

Religião no povo.
João Pessoa: Imprensa Universitária, 1974. 194p.
Edição atual – 2. ed. São Paulo: Global, 2011. 187p.

O livro das velhas figuras.
Natal: Edições do IHGRN, Fundação José Augusto, 1974. v. 1. 156p.

Folclore.
Recife: Secretaria de Educação e Cultura, 1975. 62p.

O livro das velhas figuras.
Natal: Edições do IHGRN, Fundação José Augusto, 1976. v. 2. 170p.

História dos nossos gestos: uma pesquisa na mímica no Brasil.
São Paulo: Edições Melhoramentos, 1976. 252p.
Edição atual – 2. ed. São Paulo: Global, 2004. 277p.

O livro das velhas figuras.
Natal: Edições do IHGRN, Fundação José Augusto, 1977. v. 3. 152p.

O Príncipe Maximiliano de Wied-Neuwied no Brasil (1815-1817).
Rio de Janeiro: Editora Kosmos, 1977. 179p.

Antologia da alimentação no Brasil.
Rio de Janeiro: Livros Técnicos e Científicos, 1977. 254p.
Edição atual – 2. ed. São Paulo: Global, 2008. 304p.

Três ensaios franceses.
Natal: Fundação José Augusto, 1977. 84p.

Contes traditionnels du Brésil. Alléguéde, Bernard [Tradução].
Paris: G. P. Maisonneuve et Larose, 1978. 255p.

DÉCADA DE 1980

O livro das velhas figuras.
Natal: Edições do IHGRN, Fundação José Augusto, 1980. v. 4. 164p.

Mossoró: região e cidade.
Natal: Editora Universitária, 1980. Coleção Mossoroense, 103. 164p.
Edição atual – 2. ed. Mossoró: ESAM, 1998. Coleção Mossoroense, série C, v. 999. 164p.

O livro das velhas figuras.
Natal: Edições do IHGRN, Fundação José Augusto, 1981. v. 5. 136p.

Superstição no Brasil. (Superstições e costumes, Anúbis e outros ensaios, Religião no povo)
Belo Horizonte: Itatiaia; São Paulo: EDUSP, 1985. Coleção Reconquista do Brasil. 443p.
Edição atual – 5. ed. São Paulo: Global, 2002. 496p.

O livro das velhas figuras.
Natal: Edições do IHGRN, Coojornal, 1989. v. 6. 140p.

DÉCADA DE 1990

Notícia sobre dez municípios potiguares.
Mossoró: ESAM, 1998. Coleção Mossoroense, série C, v. 1.001. 55p.

Os compadres corcundas e outros contos brasileiros.
Rio de Janeiro: Ediouro, 1997. 123p. Leituras Fora de Série.

DÉCADA DE 2000

O livro das velhas figuras.
Natal: Edições do IHGRN, Sebo Vermelho, 2002. v. 7. 260p.

O livro das velhas figuras.
Natal: Edições do IHGRN, EDUFRN – Editora da UFRN, 2002. v. 8. 138p.

O livro das velhas figuras.
Natal: Edições do IHGRN, EDUFRN – Editora da UFRN, 2005. v. 9. 208p.

Lendas brasileiras para jovens.
2. ed. São Paulo: Global, 2008. 126p.

Contos tradicionais do Brasil para jovens.
2. ed. São Paulo: Global, 2006. 125p.

No caminho do avião... Notas de reportagem aérea (1922-1933)
Natal: EDUFRN – Editora da UFRN, 2007. 84p.

O livro das velhas figuras.
Natal: Edições do IHGRN, Sebo Vermelho, 2008. v. 10. 193p.

A Casa de Cunhaú. (História e Genealogia)
  Brasília: Edições do Senado Federal, v. 45, 2008. 182p.

Vaqueiros e cantadores para jovens.
  São Paulo: Global, 2010. 142p.

EDIÇÕES TRADUZIDAS, ORGANIZADAS, COMPILADAS E ANOTADAS

Versos, de Lourival Açucena. [Organização e anotações]
  Natal: Typ. d'A Imprensa, 1927. 93p.
  Edição atual – 2. ed. Natal: Universitária, Coleção Resgate, 1986. 113p.

Viagens ao Nordeste do Brasil, de Henry Koster. [Tradução]
  São Paulo: Editora Nacional, 1942.

Festas e tradições populares do Brasil, de Mello Moraes. [Revisão e notas]
  Rio de Janeiro: Briguiet, 1946. 551p.

Os mitos amazônicos da tartaruga, de Charles Frederick Hartt. [Tradução e notas]
  Recife: Arquivo Público Estadual, 1952. 69p.

Cantos populares do Brasil, de Sílvio Romero. [Anotações]
  Rio de Janeiro: José Olympio Editora, 2v., 1954. Coleção Documentos Brasileiros, Folclore Brasileiro, 1. 711p.

Contos populares do Brasil, de Sílvio Romero. [Anotações]
  Rio de Janeiro: José Olympio Editora, 1954. Coleção Documentos Brasileiros, Folclore Brasileiro, 2. 411p.

Poesia, de Domingos Caldas Barbosa. [Compilação]
  Rio de Janeiro: Editora Agir, 1958. Coleção Nossos Clássicos, 16. 109p.

Poesia, de Antônio Nobre. [Compilação]
  Rio de Janeiro: Editora Agir, 1959. Coleção Nossos Clássicos, 41. 103p.

Paliçadas e gases asfixiantes entre os indígenas da América do Sul, de Erland Nordenskiold. [Introdução e notas]
  Rio de Janeiro: Biblioteca do Exército, 1961. 56p.

Os ciganos e cancioneiros dos ciganos, de Mello Moraes. [Revisão e notas]
  Belo Horizonte: [s.ed.], 1981.

OPÚSCULOS

DÉCADA DE 1930

A intencionalidade no descobrimento do Brasil.
Natal: Imprensa Oficial, 1933. 30p.

O mais antigo marco colonial do Brasil.
Natal: Centro de Imprensa, 1934. 18p.

O brasão holandês do Rio Grande do Norte.
Natal: Imprensa Oficial, 1936.

Conversa sobre a hipoteca.
São Paulo: [s.ed.], 1936. (Apud Revista da Academia Norte-rio-grandense de Letras, v. 40, n. 28, dez. 1998.)

Os índios conheciam a propriedade privada?
São Paulo: [s.ed.], 1936. (Apud Revista da Academia Norte-rio-grandense de Letras, v. 40, n. 28, dez. 1998.)

Uma interpretação da couvade.
São Paulo: [s.ed.], 1936. (Apud Revista da Academia Norte-rio-grandense de Letras, v. 40, n. 28, dez. 1998.)

Notas para a história do Ateneu.
Natal: Instituto Histórico e Geográfico do Rio Grande do Norte, 1937. (Apud Revista da Academia Norte-rio-grandense de Letras, v. 40, n. 28, dez. 1998.)

Peixes no idioma Tupi.
Rio de Janeiro: [s.ed.], 1938. (Apud Revista da Academia Norte-rio--grandense de Letras, v. 40, n. 28, dez. 1998.)

DÉCADA DE 1940

Montaigne e o índio brasileiro. [Tradução e notas do capítulo "Des caniballes" do Essais]
São Paulo: Cadernos da Hora Presente, 1940.

O Presidente parrudo.
   Natal: [s.ed.], 1941. (Apud Revista da Academia Norte-rio-grandense de Letras, v. 40, n. 28, dez. 1998.)

Sociedade Brasileira de Folk-lore.
   Natal: Oficinas do DEIP, 1942. 14p.

Simultaneidade de ciclos temáticos afro-brasileiros.
   Porto: [s.ed.], 1948. (Apud Revista da Academia Norte-rio-grandense de Letras, v. 40, n. 28, dez. 1998.)

Conferência (Tricentenário dos Guararapes). [separata]
   Revista do Arquivo Público, n. VI. Recife: Imprensa Oficial, 1949. 15p.

Consultando São João: pesquisa sobre a origem de algumas adivinhações.
   Natal: Departamento de Imprensa, 1949. Sociedade Brasileira de Folclore, 1. 22p.

Gorgoneion [separata]
   Revista "Homenaje a Don Luís de Hoyos Sainz", 1. Madrid: Valerá, 1949. 11p.

DÉCADA DE 1950

O símbolo jurídico do Pelourinho. [separata]
   Revista do Instituto Histórico e Geográfico do Rio Grande do Norte. Natal: [s.ed.], 1950. 21p.

O Folk-lore nos Autos Camoneanos.
   Natal: Departamento de Imprensa, 1950. 18p.

Conversa sobre direito internacional público.
   Natal: [s.ed.], 1951 (Apud Revista da Academia Norte-rio-grandense de Letras, v. 40, n. 28, dez. 1998.)

Atirei um limão verde.
   Porto: [s.ed.], 1951 (Apud Revista da Academia Norte-rio-grandense de Letras, v. 40, n. 28, dez. 1998.)

Os velhos entremezes circenses.
   Porto: [s.ed.], 1951 (Apud Revista da Academia Norte-rio-grandense de Letras, v. 40, n. 28, dez. 1998.)

Custódias com campainhas. [separata]
Revista Oficial do Grêmio dos Industriais de Ourivesaria do Norte. Porto: Ourivesaria Portuguesa, 1951. Capítulo XI. 108p.

A mais antiga igreja do Seridó.
Natal: [s.ed.], 1952 (Apud Revista da Academia Norte-rio-grandense de Letras, v. 40, n. 28, dez. 1998.)

Tradición de un cuento brasileño. [separata]
Archivos Venezolanos de Folklore. Caracas: Universidade Central, 1952.

Com D. Quixote no folclore brasileiro. [separata]
Revista de Dialectología y Tradiciones Populares. Madrid: C. Bermejo, 1952. 19p.

O poldrinho sertanejo e os filhos do vizir do Egito. [separata]
Revista Bando, ano III, v. III, n. 3. Natal: [s.ed.], 1952. 15p.

Na casa de surdos. [separata]
Revista de Dialectología y Tradiciones Populares, 9. Madrid: C. Bermejo, 1952. 21p.

A origem da vaquejada no Nordeste do Brasil. [separata]
Douro-Litoral, 3/4, 5ª série. Porto: Simões Lopes, 1953. 7p.

Alguns jogos infantis no Brasil. [separata]
Douro-Litoral, 7/8, 5ª série. Porto: Simões Lopes, 1953. 5p.

No tempo em que os bichos falavam.
Salvador: Editora Progresso, 1954. 37p.

Cinco temas do Heptaméron na literatura oral ibérica. [separata]
Douro-Litoral, 5/6, 6ª série. Porto: Simões Lopes, 1954. 12p.

Os velhos caminhos do Nordeste.
Natal: [s.ed.], 1954 (Apud Revista da Academia Norte-rio-grandense de Letras, v. 40, n. 28, dez. 1998).

Notas para a história da Paróquia de Nova Cruz.
Natal: Arquidiocese de Natal, 1955. 30p.

Paróquias do Rio Grande do Norte.
Natal: Departamento de Imprensa, 1955. 30p.

Bibliografia.
  Natal: Lira, 1956. 7p.

Comadre e compadre. [separata]
  Revista de Dialectología y Tradiciones Populares, 12. Madrid: C. Bermejo, 1956. 12p.

Sociologia da abolição em Mossoró. [separata]
  Boletim Bibliográfico, n. 95-100. Mossoró: [s.ed.], 1956. 6p.

A função dos arquivos. [separata]
  Revista do Arquivo Público, 9/10, 1953. Recife: Arquivo Público Estadual/SIJ, 1956. 13p.

Exibição da prova de virgindade. [separata]
  Revista Brasileira de Medicina, v. XIV, n. 11. Rio de Janeiro: [s.ed.], 1957. 6p.

Três poemas de Walt Whitman. [Tradução]
  Recife: Imprensa Oficial, 1957. Coleção Concórdia. 15p.
  Edição atual – Mossoró: ESAM, 1992. Coleção Mossoroense, série B, n. 1.137. 15p.

O mosquiteiro é ameríndio? [separata]
  Revista de Dialectología y Tradiciones Populares, 13. Madrid: C. Bermejo, 1957. 7p.

Promessa de jantar aos cães. [separata]
  Revista de Dialectología y Tradiciones Populares, 14. Madrid: C. Bermejo, 1958. 4p.

Assunto latrinário. [separata]
  Revista Brasileira de Medicina, v. XVI, n. 7. Rio de Janeiro: [s.ed.], 1959. 7p.

Levantando a saia... [separata]
  Revista Brasileira de Medicina, v. XVI, n. 12. Rio de Janeiro: [s.ed.], 1959. 8p.

Universidade e civilização.
  Natal: Departamento de Imprensa, 1959. 12p.
  Edição atual – 2. ed. Natal: Editora Universitária, 1988. 22p.

Canção da vida breve. [separata]
  Sociedade Portuguesa de Antropologia e Etnologia, Faculdade de Ciências do Porto. Porto: Imprensa Portuguesa, 1959.

Década de 1960

Complexo sociológico do vizinho. [separata]
Actas do Colóquio de Estudos Etnográficos Dr. José Leite de Vasconcelos, Junta de Província do Douro Litoral, 18, V. II. Porto: Imprensa Portuguesa, 1960. 10p.

A família do Padre Miguelinho.
Natal: Departamento de Imprensa, 1960. Coleção Mossoroense, série B, 55. 32p.

A noiva de Arraiolos. [separata]
Revista de Dialectología y Tradiciones Populares, 16. Madrid: C. Bermejo, 1960. 3p.

Etnografia e direito.
Recife: Imprensa Oficial, 1961. 27p.

Breve história do Palácio da Esperança.
Natal: Departamento de Imprensa, 1961. 46p.

Roland no Brasil.
Natal: Tip. Santa Teresinha, 1962. 11p.

Temas do Mireio no folclore de Portugal e Brasil. [separata]
Revista Ocidente, 64, jan. Lisboa: [s.ed.], 1963.

História da alimentação no Brasil. [separata]
Revista de Etnografia, 1, Museu de Etnografia e História, Junta Distrital do Porto. Porto: Imprensa Portuguesa, 1963. 7p.

A cozinha africana no Brasil.
Luanda: Imprensa Nacional de Angola, 1964. Publicação do Museu de Angola. 36p.

O bom paladar é dos ricos ou dos pobres? [separata]
Revista de Etnografia, Museu de Etnografia e História. Porto: Imprensa Portuguesa, 1964. 6p.

Ecce iterum macaco e combuca. [separata]
Revista de Etnografia, 7, Museu de Etnografia e História, Junta Distrital do Porto. Porto: Imprensa Portuguesa, 1965. 4p.

Macaco velho não mete a mão em cambuca. [separata]
 Revista de Etnografia, 6, Museu de Etnografia e História, Junta Distrital do Porto. Porto: Imprensa Portuguesa, 1965. 4p.

Prelúdio da Gaita. [separata]
 Revista de Etnografia, 8, Museu de Etnografia e História, Junta Distrital do Porto. Porto: Imprensa Portuguesa, 1965. 4p.

Presença moura no Brasil. [separata]
 Revista de Etnografia, 9, Museu de Etnografia e História, Junta Distrital do Porto. Porto: Imprensa Portuguesa, 1965. 13p.

Prelúdio da cachaça. [separata]
 Revista de Etnografia, 11, Museu de Etnografia e História, Junta Distrital do Porto. Porto: Imprensa Portuguesa, 1966. 17p.

História de um livro perdido. [separata]
 Arquivos do Instituto de Antropologia Câmara Cascudo, v. II, n. 1-2. Natal: UFRN, 1966. 19p.

Abóbora e jirimum. [separata]
 Revista de Etnografia, 12, Museu de Etnografia e História, Junta Distrital do Porto. Porto: Imprensa Portuguesa, 1966. 6p.

O mais pobre dos dois... [separata]
 Revista de Dialectología y Tradiciones Populares, tomo XXII, Cuadernos 1º y 2º. Madrid: C. Bermejo, 1966. 6p.

Duó.
 Mossoró: ESAM, 1966. Coleção Mossoroense, série B, n. 82. 19p.

Viagem com Mofina Mendes ou da imaginação determinante. [separata]
 Memórias da Academia das Ciências de Lisboa, Classe de Letras, 9. Lisboa: [s.ed.], 1966. 18p.

Ancha es Castilla! [separata]
 Memórias da Academia das Ciências de Lisboa, Classe de Letras, tomo X. Lisboa: Academia de Ciências de Lisboa, 1967. 11p.

Folclore do mar. [separata]
 Revista de Etnografia, 13, Museu de Etnografia e História, Junta Distrital do Porto. Porto: Imprensa Portuguesa, 1967. 8p.

A banana no Paraíso. [separata]
Revista de Etnografia, 14, Museu de Etnografia e História, Junta Distrital do Porto. Porto: Imprensa Portuguesa, 1967. 4p.

Desejo e Couvade. [separata]
Revista de Etnografia, 17, Museu de Etnografia e História, Junta Distrital do Porto. Porto: Imprensa Portuguesa, 1967. 4p.

Terras de Espanha, voz do Brasil (Confrontos e semelhanças). [separata]
Revista de Etnografia, 16, Museu de Etnografia e História, Junta Distrital do Porto. Porto: Imprensa Portuguesa, 1967. 25p.

Calendário das festas.
Rio de Janeiro: MEC, 1968. Caderno de Folclore, 5. 8p.

Às de Vila Diogo. [separata]
Revista de Etnografia, 18, Museu de Etnografia e História, Junta Distrital do Porto. Porto: Imprensa Portuguesa, 1968. 4p.

Assunto gago. [separata]
Revista de Etnografia, 19, Museu de Etnografia e História, Junta Distrital do Porto. Porto: Imprensa Portuguesa, 1968. 5p.

Vista de Londres. [separata]
Revista de Etnografia, 20, Museu de Etnografia e História, Junta Distrital do Porto. Porto: Imprensa Portuguesa, 1968. 29p.

A vaquejada nordestina e sua origem.
Recife: Instituto Joaquim Nabuco de Pesquisas Sociais, 1969. 48p.

Aristófanes. Viva o seu Personagem... [separata]
Revista "Dionysos", 14(17), jul. 1969. Rio de Janeiro: SNT/MEC, 1969. 11p.

Ceca e Meca. [separata]
Revista de Etnografia, 22, Museu de Etnografia e História da Junta Distrital do Porto. Porto: Imprensa Portuguesa, 1969. 9p.

Dezembrada e seus heróis: 1868/1968.
Natal: DEI, 1969. 30p.

Disputas gastronômicas. [separata]
Revista de Etnografia, 23, Museu de Etnografia e História, Junta Distrital do Porto. Porto: Imprensa Portuguesa, 1969. 5p.

Esta he Lixboa Prezada... [separata]
Revista de Etnografia, 21, Museu de Etnografia e História, Junta Distrital do Porto. Porto: Imprensa Portuguesa, 1969. 19p.

Locuções tradicionais. [separata]
Revista Brasileira de Cultura, 1, jul/set. Rio de Janeiro: CFC, 1969. 18p.

Alexander von Humboldt: um patrimônio imortal – 1769-1969.
[Conferência]
Natal: Nordeste, 1969. 21p.

Desplantes. [separata]
Revista do Arquivo Municipal, v. 176, ano 32. São Paulo: EGTR, 1969. 12p.

DÉCADA DE 1970

Conversa para o estudo afro-brasileiro. [separata]
Cadernos Brasileiros CB, n. 1, ano XII, n. 57, janeiro-fevereiro. Rio de Janeiro: Sociedade Gráfica Vida Doméstica Ltda., 1970. 11p.

O morto no Brasil. [separata]
Revista de Etnografia, 27, Museu de Etnografia e História, Junta Distrital do Porto. Porto: Imprensa Portuguesa, 1970. 18p.

Notícias das chuvas e dos ventos no Brasil. [separata]
Revista de Etnografia, 26, Museu de Etnografia e História, Junta Distrital do Porto. Porto: Imprensa Portuguesa, 1970. 18p.

Três notas brasileiras. [separata]
Boletim da Junta Distrital de Lisboa, 73/74. Lisboa: Ramos, Afonso & Moita Ltda., 1970. 14p.

Água do Lima no Capibaribe. [separata]
Revista de Etnografia, 28, Museu de Etnografia e História, Junta Distrital do Porto. Porto: Imprensa Portuguesa, 1971. 7p.

Divórcio no talher. [separata]
Revista de Etnografia, 32, Museu de Etnografia e História, Junta Distrital do Porto. Porto: Imprensa Portuguesa, 1972. 4p.

Folclore nos Autos Camoneanos. [separata]
Revista de Etnografia, 31, Museu de Etnografia e História, Junta Distrital do Porto. Porto: Imprensa Portuguesa, 1972. 13p.

Uma nota sobre o cachimbo inglês. [separata]
Revista de Etnografia, 30, Museu de Etnografia e História, Junta Distrital do Porto. Porto: Imprensa Portuguesa, 1972. 11p.

Visão do folclore nordestino. [separata]
Revista de Etnografia, 29, Museu de Etnografia e História, Junta Distrital do Porto. Porto: Imprensa Portuguesa, 1972. 7p.

Caminhos da convivência brasileira. [separata]
Revista Ocidente, 84. Lisboa: [s.ed.], 1973.

Meu amigo Thaville: evocações e panorama.
Rio de Janeiro: Editora Pongetti, 1974. 48p.

Mitos brasileiros.
Rio de Janeiro: MEC, 1976. Cadernos de Folclore, 6. 24p.

Imagens de Espanha no popular do Brasil. [separata]
Revista de Dialectología y Tradiciones Populares, 32. Madrid: C. Bermejo, 1976. 9p.

Mouros e judeus na tradição popular do Brasil.
Recife: Governo do Estado de Pernambuco, Departamento de Cultura/SEC, 1978. 45p.

Breve História do Palácio Potengi.
Natal: Fundação José Augusto, 1978. 48p.

DÉCADA DE 1990

Jararaca. [separata]
Mossoró: ESAM, 1990. Coleção Mossoroense, série B, n. 716. 13p.

Jesuíno Brilhante. [separata]
Mossoró: ESAM, 1990. Coleção Mossoroense, série B, n. 717. 15p.

Mossoró e Moçoró. [separata]
Mossoró: ESAM, 1991. 10p.

Acari, Caicó e Currais Novos. [separata]
Revista Potyguar. Mossoró: ESAM, 1991.

Caraúbas, Assú e Santa Cruz. [separata]
  Revista Potyguar. Mossoró: ESAM, 1991. 11p.
  Edição atual – Mossoró: ESAM, 1991. Coleção Mossoroense, série B, n. 1.047. 11p.

A carnaúba. [fac-símile]
  Revista Brasileira de Geografia. Mossoró: ESAM, 1991. 61p.
  Edição atual – Mossoró: ESAM, 1998. Coleção Mossoroense, série C, v. 996. 61p.

Natal. [separata]
  Revista Potyguar. Mossoró: ESAM/FGD, 1991.

Mossoró e Areia Branca. [separata]
  Revista Potyguar. Mossoró: ESAM/FGD, 1991. 17p.

A família norte-rio-grandense do primeiro bispo de Mossoró.
  Mossoró: ESAM/FGD, 1991.

A "cacimba do padre" em Fernando de Noronha.
  Natal: Sebo Vermelho, Fundação José Augusto, 1996. 12p.

O padre Longino, um tema proibido.
  Mossoró: ESAM, 1998. Coleção Mossoroense, série B, n. 1.500. 11p.

Apresentação do livro de José Mauro de Vasconcelos, Banana Brava, romance editado pela AGIR em 1944.
  Mossoró: ESAM, 1998. Coleção Mossoroense, série B, n. 1.586. 4p.

História da alimentação no Brasil. [separata]
  Natal: Edições do IHGRN, 1998. 7p.

Cidade do Natal.
  Natal: Sebo Vermelho, 1999. 34p.

O outro Monteiro Lobato. [Acta Diurna]
  Mossoró: Fundação Vingt-un Rosado, 1999. 5p.

DÉCADA DE 2000

O marido da Mãe-d'água. A princesa e o gigante.
  2. ed. São Paulo: Global, 2001. 16p. Coleção Contos de Encantamento.

Maria Gomes.
3. ed. São Paulo: Global, 2002. 16p. Coleção Contos de Encantamento.

Couro de piolho.
3. ed. São Paulo: Global, 2002. 16p. Coleção Contos de Encantamento.

A princesa de Bambuluá.
3. ed. São Paulo: Global, 2003. 16p. Coleção Contos de Encantamento.

La princesa de Bambuluá.
São Paulo: Global, 2006. 16p. Colección Cuentos de Encantamientos.

El marido de la madre de las aguas. La princesa y el gigante.
São Paulo: Global, 2006. 16p. Colección Cuentos de Encantamientos.

O papagaio real.
São Paulo: Global, 2004. 16p. Coleção Contos de Encantamento.

Facécias: contos populares divertidos.
São Paulo: Global, 2006. 24p.

Obras de Luís da Câmara Cascudo
Publicadas pela Global Editora

Antologia da alimentação no Brasil
Antologia do folclore brasileiro – volume 1
Antologia do folclore brasileiro – volume 2
Câmara Cascudo e Mário de Andrade – Cartas 1924-1944
Canto de muro
Civilização e cultura
Coisas que o povo diz
Contos tradicionais do Brasil
Dicionário do folclore brasileiro
Folclore do Brasil
Geografia dos mitos brasileiros
História da alimentação no Brasil
História dos nossos gestos
Jangada – uma pesquisa etnográfica
Lendas brasileiras
Literatura oral no Brasil
Locuções tradicionais no Brasil
Made in Africa
Mouros, franceses e judeus – três presenças no Brasil
Prelúdio da cachaça
Prelúdio e fuga do real
Rede de dormir – uma pesquisa etnográfica
Religião no povo
Sociologia do Açúcar
Superstição no Brasil
Tradição, ciência do povo
Vaqueiros e cantadores
Viajando o sertão

Obras juvenis

Contos de exemplo
Contos tradicionais do Brasil para jovens
Histórias de vaqueiros e cantadores para jovens
Lendas brasileiras para jovens
Vaqueiros e cantadores para jovens

Obras infantis

Contos de Encantamento

A princesa de Bambuluá
Contos de animais
Couro de piolho
Facécias
Maria Gomes
O marido da Mãe-d'Água e A princesa e o gigante
O papagaio real

Impressão e Acabamento:

EXPRESSÃO & ARTE
EDITORA E GRÁFICA
www.graficaexpressaoearte.com.br